墨香财经学术文库

“十二五”辽宁省重点图书出版规划项目

Rearch on the Acting Mechanims of Local Government Debt

王斌斌 ◎ 著

地方政府债务影响机制研究

东北财经大学出版社
Dongbei University of Finance & Economics Press
大连

图书在版编目（CIP）数据

地方政府债务影响机制研究 / 王斌斌著. —大连：东北财经大学出版社，2022.10
（墨香财经学术文库）
ISBN 978-7-5654-4565-1

Ⅰ. 地…　Ⅱ. 王…　Ⅲ. 地方政府-债务管理-研究-中国　Ⅳ. F812.7

中国版本图书馆CIP数据核字（2022）第110894号

东北财经大学出版社出版发行
　　大连市黑石礁尖山街217号　邮政编码　116025
　　网　　址：http：//www.dufep.cn
　　读者信箱：dufep @ dufe.edu.cn
大连永盛印业有限公司印刷

幅面尺寸：170mm×240mm　字数：151千字　印张：10.75　插页：1
2022年10月第1版　　2022年10月第1次印刷
责任编辑：刘　佳　　责任校对：石建华
封面设计：冀贵收　　版式设计：原　皓
定价：42.00元

教学支持　售后服务　　联系电话：（0411）84710309

如有印装质量问题，请联系营销部：（0411）84710711

本书由

国家自然科学基金青年项目《东北地区人口流出与地方政府行为：特征事实、内在逻辑与政策意涵》（71904024）、辽宁省教育厅科学研究项目新型智库项目《辽宁推进城乡区域协调发展研究》（LN2019X10）、东北财经大学省级以上科研平台支持项目《我国地方政府隐性债务压力测度与治理研究》（平台名称：东北财经大学经济与社会发展研究院，PT202135）支持出版。

前言

近年来，地方政府债务问题一直是国家重点关注的问题。强化地方政府债务管理，完成地方政府债务置换，加强债务风险监测和防范，对于地方政府财政可持续发展具有重要的意义。地方政府债务在我国经济平稳运行发展过程中产生的问题正在不断凸显和加深，虽然各地区地方政府债务规模得到明显控制，但从债务率以及负债率与人均地区生产总值的比值来看，欠发达地区债务压力更大。随着地方政府债务问题愈发突出，地方政府债务问题已经关系到地区经济发展的可持续性。而当前地方政府债务暴露的问题也对我国经济发展乃至民生质量产生了不同程度的影响，因此研究地方政府债务的影响机制，实现地方政府债务的可持续性，是在当前财政收入增速放缓、支出刚性较大，国际环境不稳定、不确定性因素增多的背景下，下一步财政工作的重要方向。本书的研究重点包括以下三个部分：

在第一部分，首先从选题背景和研究意义出发，通过阐述地方政府债务的概念、分类以及我国地方政府债务在经济发展过程中逐渐凸显的问题，提出研究地方政府债务的必要性以及本书所做研究的核心目的。

其次，从学术价值和实用价值两个角度有力说明了选题的研究意义。通过论述相关理论基础与文献综述，从财政分权理论和公共产品理论出发，说明了地方政府举债的合理性与理论依据，并以文献综述的方式分析了研究我国地方政府债务的必要性。本部分通过梳理相关地方政府债务与经济增长、民生发展以及企业债务水平之间关系的文献为第二部分的实证研究做了铺垫。此外，本部分比较借鉴了发达国家以及新兴市场国家的地方政府债务管理的方法，总结出了国际地方政府债务管理的经验教训。

第二部分为本书的实证研究部分，主要分为三个方向：(1) 研究我国地方政府债务与经济发展之间的关系。只有正确认识地方政府债务与经济发展的关系才能引导我国经济健康可持续发展，适度规模的地方政府债务在一定程度上会促进经济发展。为了确保中国经济实现高质量增长，本书基于全国283个地级市的城投债数据和经济发展数据，利用双向固定效应模型，考察地方政府债务水平和经济发展水平之间的关系，并从地区差异性的角度研究二者之间的关系。得出的结论为一个地区的地方政府债务规模和经济发展水平呈正相关关系，即地方政府发行的政府债券越多，经济发展就越好，通过一系列的稳健性检验证明此估计结果的稳健性。此外，通过异质性分析结果得到，东部地区的债务水平对经济发展的影响并不显著，而中部和西部的债务水平对经济发展有着显著的积极作用。(2) 研究我国地方政府债务与民生发展之间的关系。政府债务规模的扩大不应以经济增长为最终目标，而应满足社会公共需求、提高社会福利水平、促进民生发展。从民生发展的角度来看，地方政府债务应当存在一个适度的规模，这不仅有利于提高经济效益，还有利于满足社会公共需要和助力民生发展。本书基于2002—2012年全国31个省、自治区、直辖市的面板数据，通过固定效应模型得出无论是在全国发展层面还是在区域发展层面，地方政府财政支出规模和地方政府债务规模对地区经济发展、增进社会福利和改善民生都具有重要作用。其中就全国层面而言，地方政府债务规模与地区民生发展呈现显著倒“U”形，且存在一个适度的地方政府债务规模。从区域发展层面来看，东、西部地区的地方政府债务规模与地区民生发展也呈现显著的倒

“U”形，但在中部地区并不显著，地方政府债务规模扩张对推动中部地区民生发展具有较强的惯性。（3）研究我国地方政府与企业债务水平之间的关系。地方政府债务或企业债务都对我国经济健康运行起着至关重要的作用。分析政府债务和企业债务的关系及其影响机制，对解决二者存在的问题有着重要的意义。鉴于此，本书将2006—2015年283个地级市的经济数据与上市公司非金融企业进行匹配，采用系统广义矩估计和差分广义矩估计，得出政府债务水平的升高会抑制企业债务水平的升高，二者呈反向变动关系。通过将研究样本按照经济研究分类方法划分成中、东、西三部分，发现政府债务水平对东部和中部的企业债务水平有明显的负向影响，而对西部地区的企业的债务水平呈现正向影响。故该部分得出的结论是政府债务水平在总体上会抑制企业政府债务水平，但不能简单地认为加大政府的负债规模就会降低我国企业杠杆率。

在第三部分，针对现如今我国地方政府债务存在的问题产生的原因本书也提出了政策建议，并在本书的最后相应分析了地方政府债务的管理制度设计。主要从债务管理的三个角度，即事前规则、事中控制、事后处理来分析地方政府债务管理制度的设计问题。通过阐述这三个角度的基本概念，然后再依次描述如何从这三个角度设计地方政府债务管理制度。三者共同构成地方政府债务管理体系，三个环节有机衔接，更有利于优化地方政府债务管理制度，全方位地防范债务风险。

研究地方政府债务的影响机制，对促进我国区域经济的发展有重要作用，我国中、东西、部地区的经济发展不均衡，地方政府债务的发展也不尽相同，研究地方政府债务能够了解地方政府债务资金的使用方式以及债务对地方政府的区域经济增长可能会造成的影响。通过分析地方政府债务与经济、民生和企业债务水平之间的关系，有利于深化我们对地方政府债务性质的认识，扩大了地方政府债务研究的范围。

王斌斌
2021年12月

目录

1 绪论

1.1 选题背景

根据2013年审计署统计公告，我国在2008年至2013年6月间的地方政府债务达到了17.89万亿元，这一数据相比2010年年底增加了大约70%。1997—2013年间的地方政府债务规模年均增幅达27. 38% 。从地方债务余额来看，从2015年开始，全国地方债务余额（包括一般债务和专项债务）一直保持上升趋势，2016年至2019年我国地方政府债务余额分别为15.32万亿元、16.51万亿元、18.46万亿元和21.31万亿元。截至2020年年末，我国地方政府债务接近25万亿元。其中，一般债务124 704亿元，专项债务116 912亿元；政府债券239 701亿元，非政府债券形式存量政府债务1 915亿元。可见，无论是绝对量还是增量，我国地方政府债务规模都在快速增加，其衍生的债务风险也将持续扩大。新增专项债券虽然不纳入赤字管理，但2020年全年专项债券的大规模放量，叠加新冠肺炎疫情影响下经济增速显著下行，导致地方政府负债率较2019年提升约4个百分点。

为了控制地方政府债务规模，防范债务风险，党的十九大报告提出要坚决打好防范化解重大风险攻坚战，“防风险”一直是贯穿我国地方政府债务管理工作的主要目标。2010年之后，我国相继出台了国发〔2014〕43号文《国务院关于加强地方政府性债务管理的意见》、财预〔2014〕351号文《地方政府存量债务纳入预算管理清理甄别办法》以及财预〔2015〕225号文《财政部关于对地方政府债务实行限额管理的实施意见》等。其中，在地方政府债务的存量债务和在建项目融资方面，财预〔2014〕351号文要求抓紧将存量债务纳入预算管理，积极降低存量债务利息负担；在建立规范地方政府融资机制方面，第十二届全国人民代表大会常务委员会第十次会议在2014年8月31日表决通过了《全国人大常委会关于修改《〈预算法〉的决定》，并决议于2015年1月1日起施行《中华人民共和国预算法》，从法律层面赋予地方政府适度举债融资权限；《财政部关于推广运用政府和社会资本合作模式有关问题的通知》（财金〔2014〕76号文）将PPP热推向高潮，这是财政部力推PPP模式以来颁布的第一份正式文件；在地方政府债务管理方面，国发〔2014〕43号文明确指出要按照党中央、国务院决策部署，建立“借、用、还”相统一的地方政府性债务管理机制，有效发挥地方政府规范举债的积极作用，切实防范化解财政金融风险，促进国民经济持续健康发展，使我国的地方政府债务规模处于一个相对稳定的水平。虽然经过我国的政策调控，地方政府债务规模已经得到了有效控制，但是就现在债务水平的总体规模来看，相较以往，我国地方的政府债务不仅没有下降反而出现了增长的趋势。

我国自1994年实行分税制改革以来，经济社会发展水平取得了突飞猛进的增长。究其主要原因，首先得益于我国中央政府的财力不断集中，并对地方政府施以支持，这一举措大大加强了中央对经济的宏观调控能力。其次则在于地方政府发债，地方政府通过举借债务在很大程度上提高了全社会基础设施建设的质量和水平，大大刺激了全国经济的增长。最近几年，我国的经济发展进入了新常态，2016—2020年，我国经济的年均经济增长速度接近7%。与此同时，由于我国同时实施减税降费政策和优先安排保运转、保工资以及保基本民生的“三保工作”，我国地方政府的财政收入延续增幅逐年回落的走势，逐渐加大了我国的财政支出压力，导致财政收入与支出之间的矛盾不断激化。通过近年地方政府债务的发展趋势可以看出，我国地方政府的债务在不断增加，而鉴于地方政府债务与经济、社会、法律以及政治因素之间互相关联，如果不能合理地解决我国的地方政府债务问题，将会对社会的各个方面产生不同程度的影响。这也正是现今我国地方债务治理体系需要不断完善的原因。在这样的背景之下，我国可以通过采取一系列的改革措施完善现今的体系，例如完善我国的财政制度、重新分配中央以及地方政府的事权、转变经济的增长模式、降低资源密集程度等，通过以上措施去促进经济平衡、实现经济的效率增长，从而解决我国地方政府债务存在的潜在危机。了解地方政府债务及其影响，开展地方政府债务影响机制研究，对解决地方政府债务问题是十分必要的，这也是本书所做研究的核心目的。

1.2 研究意义

1.2.1 学术价值

在研究我国的地方政府债务时，之所以会存在各种问题，其主要原因是现阶段地方政府的财政收入和财政支出总量极度不平衡，而根本原因是我国的各级地方政府所拥有的公共资源都无法支持其更好地去履行地方政府本应该去承担的法定责任，与此同时公共资源以及公共责任也存在着非对称的问题，这种隐患在很大的程度上会带来重大经济损失，甚至将会对我国社会和经济的稳定发展造成十分严重的影响。因此，研究地方政府债务有一定的学术价值：

首先，地方政府债务问题不仅是政府债务理论的组成部分，也是公共财政理论的重要内容。本书分别阐述了财政分权理论、公共产品理论、委托代理理论以及制度变迁理论，研究地方政府债务与这些理论依据之间的关系。本书以这些理论为基础展开研究，对于加深对相关理论之间关联性的认识具有重要意义。

其次，现有的研究已经分别从法律、政治、政府管理等角度对地方政府债务进行了探讨，但鲜有研究将地方政府债务与经济发展、民生和企业债务水平相结合，一起研究地方政府债务的影响机制。本书结合我国地方政府债务的发展现状，针对我国现有的地方政府债务问题，从三个方面进行了理论和实证研究，深化了对地方政府债务演变的性质的认识，更加符合地方政府债务问题研究的实际需要，扩大了对该问题的研究范围，具有重要的学术价值。

尽管我国的地方政府债务仍然处于一个较为合理的范围，但不能无视其潜在的危险，需要时刻保持警惕。地方政府债务存在的风险是复杂多样的，这也是本书研究地方政府债务的主要原因。研究地方政府债务可以对我国宏观经济发展起到指导作用，提高国家和社会对地方政府债务的关注度，更好地促进我国的经济社会稳定发展。

1.2.2 实用价值

对于我国地方政府债务，研究其成因、解决方案以及改进政策会对我国的经济发展产生一定的积极作用。其中最重要的一点就是通过研究地方政府债务来促进地方的区域经济增长以及保证区域经济的稳定发展。众所周知，储蓄过高会使人们的消费减少，从而抑制经济的快速稳定增长，而适度的地方政府负债可以有效地缓解这一情况，但是过度的负债将会对地方的区域经济发展造成巨大的负担以及负面影响。所以掌握好地方政府的负债程度不是一件容易的事情，我们只有清楚地了解地方政府债务的成因以及机制原理，才能更好地解决我国地方政府债务出现的问题，使之能够为地方区域经济的发展提供助力，与此同时只有研究清楚地方政府债务才能在经济受到重大负面影响时作出合理有效的应对措施，颁布有针对性的财政政策，达到维持我国宏观经济稳定快速增长的目的。

除了对我国经济发展起到促进作用之外，研究地方政府债务还可以对不同地区经济的发展起到一定的指导作用。这主要是因为地方的区域经济受到多方面因素的影响，其中地方的政府负债就是一项重要的影响因素。在撰写本书的过程中，考虑到目前我国各个地区地方政府的债务情况及其发展规律，我们只有先研究地方政府债务的成因以及对区域经济发展的影响机制，才能根据不同地区的地方债务问题对症下药，从而有效改善我国的地方政府债务状况。

另外，研究地方政府债务问题可以了解地方政府债务资金的使用方式以及债务对地方政府的区域经济增长可能造成的影响。这一实用价值主要是指由于地方债务的产生方式、地区及领域有所不同，因而地方政府的区域经济发展以及其地方政府债务的成因与地方债务的产生方式息息相关。但是这种相关性是一个复杂的过程，弄清楚这一过程以及提出适度的应对方式，是关键。这也是促进我国宏观经济增长得以稳定，保证地方区域经济快速增长的必然选择。

通过上述内容的阐述及分析，可以了解，我国的宏观经济增长问题以及地方政府的区域经济问题都与地方性的政府债务息息相关。在目前我国经济稳定快速增长的大趋势下，我们仍然不能对地方债务规模可能存在的隐患掉以轻心，必须要做好时刻应对经济突发问题的准备。适度的地方政府债务规模能刺激经济的增长，但是过量的规模反倒会对我国的经济发展产生巨大的负面冲击。本书通过研究地方政府债务问题会对我国控制地方政府债务风险以及制定相关的财政政策给予一定的可行性建议，从而提高国家对地方政府债务的有效管理和防范地方政府债务风险的能力，最终实现保证我国宏观经济、地方政府区域经济稳定快速增长的根本目的。

1.3 研究内容

本书主要通过8个章节的内容研究地方政府债务问题：

第1章包括本书的选题背景、研究意义、研究内容以及研究方法和创新，阐述了研究我国地方政府债务问题的必要性和有效性。

第2章是本书的研究综述部分。本章首先对国内外的文献综述进行了梳理，并借鉴了其他学者对地方政府债务问题的研究。其次阐述了对地方政府债务问题研究的必要性，对目前地方政府债务问题的现状做了一个简单的概述，通过阐述目前地方政府债务问题的危害以及影响来说明当前高度重视地方政府债务问题的紧迫性。最后对目前我国地方政府债务问题的管理措施作了归纳和总结，并对我国地方政府债务管理方面存在的问题提出了改进建议。

第3章分析了目前我国地方政府债务问题的状况，包括我国地方政府债务的种类以及不同种类地方政府债务产生的原因，并且着重研究了城投债这类地方政府债务并分析了其特点。另外，基于我国对地方政府债务所颁布的相关政策，研究了我国在经济发展中地方政府债务所存在的区域性差异问题，探究我国地方政府债务形成原因。

第4章结合第3章所讨论的内容探究了其他国家在处理地方政府债务问题上值得我国学习借鉴的地方，主要探究了发达国家包括美国、日本、英国、法国、加拿大以及新兴国家包括俄罗斯、巴西、南非的地方政府债务问题。通过考察这些国家在管理地方政府债务方面的做法，以及这些国家曾经为解决地方政府债务问题所采取的方法与措施，我们学习到许多宝贵的经验，再将其用于治理我国地方政府债务问题上。

第5、6、7章从实证的角度解析了地方政府债务的影响效应，先经济、再民生、最后是对企业债务水平的影响。在第5章着重分析了我国的地方政府债务与经济增长之间的关系。通过实证分析，得出我国的地方政府债务与经济增长呈现正相关关系。为此，第5章建议要合理划分政府和市场的边界，使二者的边界清晰化，既要保障公共产品的有效供给，又不会对私人投资产生一定的挤出效应，也不会对私人投资产生过多的负面影响。像基础设施、公共项目等资金投入量大、收益周期长的领域，政府应积极干预，可以将通过举债获得的资金投入到此类领域，促进公共产品的有效供给，进而提高我国的社会福利。但对于市场化程度比较高的领域，地方政府不应该将举债资金投入到此领域，不应破坏市场原有的公平竞争规则和现有的产业结构模式。同时，政府也应该积极倡导和推广新型融资模式，有效减轻地方政府的财政压力，提高举债资金的使用效率。

第6章研究了中国地方政府债务与民生发展的关系，通过实证分析发现，从全国层面来看，地方政府债务和民生发展呈倒“U”形。因此地方政府要在风险可控的范围内举借债务，不能为了实现民生发展盲目发行债券，要努力寻求一个最有效的地方政府债务规模，以实现财政压力和民生发展的均衡。所以我们要因地制宜，考虑各地方的特殊性，采取均衡的资金支持方式，在民生各方面恰当地分配资金投入，以促进民生水平的改善。

第7章研究了地方政府债务对企业债务水平的影响，通过实证分析得出了以下结论：一般而言，政府债务水平在总体上会抑制企业债务水平，但不能简单地认为加大政府的负债规模就会降低我国企业的杠杆率，而政府债务水平的提高对非国有企业债务水平的影响更大，所以本章认为深入探究我国民营企业面临的融资难困境具有一定的价值。

第8章研究了有关于地方政府债务管理制度设计的问题，提出地方政府在管理地方政府债务时要遵循债务自有的运行规律，使政府债务可以良性运行，为政府融资提供条件。

1.4 研究方法

关于本书的研究方法，主要可以分为以下两大部分，一部分是理论研究部分，另一部分是实证研究部分。

首先，对于理论研究部分，本书主要用了文献研究法、经验总结法以及描述性研究等方法来进行研究。

在本书撰写前，我们就对我国地方政府债务以及他国地方政府债务的相关问题进行了有目的、有计划以及系统性的收集和整理，对收集到的有关研究对象的现实状况进行了梳理，与此同时我们还将调查收集到的大量资料数据进行合理的分析、综合、比较以及归纳，最终总结出关于我国目前地方政府债务问题管理方面可以继续保持以及需要改进的部分经验，为我国现阶段经济实现高速稳定的发展提供了建设性的建议。

其次，通过观察以及经验总结法，我们首先确定了研究地方政府债务问题的目的、提纲或者观察表，通过获得的关于现阶段我国地方政府债务问题的研究资料以及目前中国经济发展中的具体情况，进行了合理的归纳与分析，从而在研究我国地方政府债务问题上更加系统化和理论化。

最后，对于描述性研究法，我们对现今中国经济发展的已有现象、规律以及理论进行解释以及验证，从而总结出我国地方政府债务的整体发展状况以及对经济、民生和企业所存在的影响。例如，在本书的第3章，我们提出对于经济发展来说适度的地方政府举债会对我国的经济发展起到一定的促进作用，从而解释了目前我国地方政府债务问题产生的原因。

在实证研究部分，主要运用了计量分析法、统计分析法、信息研究法等。

本书在进行实证部分的论文研究时，事先就已经有目的、有计划以及系统地收集了与地方政府债务相关问题的文献资料，之后通过实证分析的结果来对现实状况给予了合理的分析。

通过计量分析工具来进行实证研究，本书在收集并且整理完所需要的数据后，通过对目前我国各级地方政府的地方政府债务现有规模、范围、程度等数量关系来进行实证分析以及研究，最终揭示了地方政府债务问题发展的相关因素、与其他事物间的相互变化的关系、变化规律以及未来地方政府债务可能的发展趋势。在这一分析过程中，通过stata来进行统计回归研究，利用数学工具再次对所研究的地方政府债务相关的数据进行一系列的处理工作，在这之后做出最为正确的说明以及判断，与此同时还可以得到以数字形式表述的成果来证明本书的结论，使之更具有说服力和直观性。

综上所述，在研究我国目前经济发展过程中各级地方政府的地方政府债务问题上，主要运用了调查法、观察法、文献研究法、经验总结法、描述性研究法、计量分析法、统计分析法、信息研究法等方法。

1.5 研究创新之处

在我国的经济发展过程中，地方政府债务问题日益成为大众所关注的热点，所以研究地方政府债务问题的相关文献也很多，本书选取的研究内容以及采用的研究方法虽然也散见于其他著作，但本书在此基础上还采用了其他研究方法，运用实证分析得出了相关结论。本书在研究过程中具有如下创新之处：

第一，本书的综合性以及全面性。目前所查阅到的关于地方政府债务的文献大多专攻于其中某一点来进行研究分析，而本书与这些研究的不同之处就在于本书共划分了八个部分来研究地方的政府债务问题，从地方政府债务的概念出发由浅入深，对其起因、影响、国外值得借鉴与学习的经验以及实证部分具体情况具体研究。

第二，本书的逻辑性。本书在研究地方政府债务问题时由浅入深，由宏观到微观，先从地方政府债务问题的发展出发，研究其产生的原因以及影响，再通过实证分析研究来证明本书所提出的诸多猜想。虽然本书涵盖的知识以及内容众多，但是其逻辑性可以让读者更好地了解到我国地方政府债务的发展状况以及存在的问题及隐患。

第三，本书运用图表向读者清晰地展示了我国的地方政府债务问题。例如，在第3章，本书利用图表展示了目前我国关于地方政府债务所颁布的具体政策。除此之外，本书以国家为单位进行分析以及总结，使读者可以清楚地了解到有关于我国地方政府债务问题管理方面的特点与现状。

以上就是本书与其他研究地方政府债务方面的书籍相比，所具有的创新之处。

2　相关理论基础与文献综述

2.1　相关理论基础

2.1.1　财政分权理论

财政分权是建立在政府职能或事权基础上，处理中央与地方各级政府之间关系的一种财政体制。除城市型国家之外，世界上绝大多数国家的政府都实行分级管理制度，政府体系由中央政府和地方政府组成，地方政府可以有更多的层级，从而使得财政职责权力在各级政府间进行合理的划分，以促进各级政府协调运转，更好地履行各项社会经济职能。具体来说，财政分权要求授予地方政府一定的职责以及相对独立的收支权力，并根据成本收益原则及效率最大化目标，要求地方政府承担为本辖区内居民提供公共产品和服务的职能。

财政分权理论认为，与中央政府相比，地方政府更加了解本地的实际情况，清楚本地居民的偏好和需求，从而提供相应公共产品的效率更高、效果更好，地方政府还可以依据民众享用公共产品的标准决定公共财政投入的数量以及资金来源。财政分权理论的核心是解释了地方政府存在的合理性和必要性。奥茨（Oates）从中央政府等量分配公共产品出发，其研究发现，将全部人口分为偏好不同的两个子集，每个子集内的人都具有同样的偏好，在中央政府忽略了两类人群不同偏好的情况下，要依靠地方政府提供差别化的产品来实现帕累托最优，在等量提供公共产品这个限制条件下，某种公共产品由地方政府提供优于由中央政府提供。地方政府更接近公众，与中央政府相比，更了解辖区内居民对公共服务的选择偏好及效用，假定社区的居民能够自由流动，且不存在流动成本，在这种情况下，社区居民就会在全国范围内选择符合自己偏好的地方公共服务与税收组合的社区政府，社区政府需要有效率地提供人们需要的公共产品，否则，人们就会迁移到能更好地满足他们偏好的社区，这样，社区间的竞争将使资源能够有效配置，实现帕累托最优，达到社会福利的最大化，其结果是相同偏好的居民居住在同一社区，公共产品能够按照最优规模和最小负担来提供。蒂布特（Tiebout）的“用脚投票”理论认为由于相同偏好的居民往往聚集在一个社区，由社区所在地的地方政府提供地方性公共产品，相比由中央政府统一提供公共产品，其效率得到极大提升。罗森（Rosen）、麦金农（Mckinnon）等人从政府间竞争的角度提出了“鼓励政府间竞争说”，他们认为实行多级政府结构及财政分权能够鼓励政府间的竞争，管理不当的政府会迫使公民移居到其他社区，这个威胁会为政府管理者们更有效地执政带来激励，使他们更加关注公民的意愿，地方之间的竞争会减少不适当的政府干预，提高经济效率，促进地方政府努力为繁荣本地区经济作出努力。

在市场经济条件下，由于存在信息不对称，存在着市场失灵，政府在宏观调控和管理社会事务时，其关键职能在于弥补市场失灵。相对于中央政府，地方政府具有更接近辖区内居民的优势，从而在了解居民偏好方面处于相对有利的地位。马斯格雷夫（Musgrave）从政府财政的资源配置、收入分配与经济稳定三大职能出发，提出了分税制思想，即“财政联邦主义”。他认为中央政府应该负责财政收入分配和经济稳定两大职能，地方政府应该负有资源配置职能。由于各地区居民的偏好不同，地方政府的资源配置职能也应该有所差别，这种差别更有利于经济效率的提高和社会福利水平的改进，同时由于信息不对称，由中央政府提供统一的公共产品可能造成公共产品供给过量或供给不足，而由地方政府来提供公共产品，才有可能使社会福利达到最大化。因此，中央政府和地方政府间必要的财政分权是可行的，并可以通过税种在各级政府间的分配固定下来，从而赋予地方政府相对独立的权力，使地方政府有能力提供差别化的公共产品满足辖区内居民的需求。

特里希（Tresch）从信息不完全和非确定性出发提出了“偏好误识”理论，认为中央政府有可能错误地理解社会偏好，并把这种错误的理解强加于人民头上，而地方政府对本地区社会偏好的理解显然要优于中央政府。辖区规模与人们的需求偏好不是固定不变的，随着辖区规模的扩大和居民需求多样性的变化，由中央政府集中提供公共产品会发生福利损失，而由中央政府和地方政府分级提供公共产品会产生更大的福利收益。即便地理位置的差异不会对公共产品的需求偏好产生影响，分级提供公共产品也是必要的。金（King）提出的“改善政府机构控制说”认为，如果由中央政府以集权的方式行使所有职能，而不是分级行使，由于信息不充分等原因，每一位官员面对过多的工作，会使政府机构陷入低效率运行状态。政府职能由中央政府和地方政府分级行使，明确划分责任，可以提高政府机构的工作效率，解决政府机构中控制与激励之间的权衡问题。

根据财政分权理论，地方政府在提高本区域内公共产品和公共服务的供给效率方面更有优势，对资源配置的把握更准确，通过赋予地方政府一定的财政自主权，充分发挥地方政府的积极性，对经济社会发展是有利的。财政分权理论为地方政府存在的必要性提供了理论支撑，明确了分配各级政府职能的基本原则，对中央政府和地方政府之间的财政职权有了基本的界定，对于减轻中央政府的事务压力和提高地方政府财政的自由权有着积极的促进作用，但是这也进一步刺激了地方政府的自我发展意识。

2.1.2 公共产品理论

由于存在市场失灵，公共物品是与私人物品相对应的一个概念，对于具有非竞争性和非排他性特征的某些商品或服务，市场不能或不愿提供，只能依靠政府来提供这些公共产品。相对于由个别消费者所占有和享用、具有敌对性、排他性和可分性的私人产品而言，公共产品具有效用的不可分割性、消费的非竞争性和受益的非排他性三个特征，任何人对公共产品的消费不能减少其他人对这种产品的消费。

公共产品根据受益范围的不同，可以分为全国性的公共产品和地方性的公共产品，美国学者埃克斯坦认为，应当根据公共产品的受益范围来有效地划分各级政府的职能，并以此作为分配财权的依据。根据公共产品本身的特性和受益范围，全国性公共产品一般应由中央政府提供，地方性公共产品则由地方政府提供。根据公共财政和民主财政的要求，地方选民有自主决定举债的权力，同样也有自主决定公共产品供给种类和数量的权力。由于地域条件的不同、资源禀赋不一样、当地民众偏好的差异等因素会导致公共产品的需求标准不同，又因这两种公共产品的提供者也有所不同，全国性的公共产品由于受益范围遍及全国，只能由中央政府来提供，像国防、外交、治安等就是典型的全国性的公共产品，这种公共产品可以使全国的消费者受益，中央政府对提供这种全国性的公共产品负有责任。由于地方居民的偏好不同，地方性的公共产品的数量、标准和种类也会有所差异，中央政府很难了解并掌握这种差异，再经过政府的多层讨论、多层预算过程，很可能由于信息不全或信息处理不当，造成地方性公共产品无法在数量、结构、质量上满足当地居民的偏好。而地方政府由于天然的地理位置优势，在了解本地居民的偏好方面处于较有利的地位，这就会有助于地方政府更好地执行地方性经济政策和提供地方性公共产品。因此，地方政府比中央政府更适合提供满足当地需求的公共产品。如果由中央政府来提供这部分公共产品的话，供给效率必然大打折扣，信息的不完全性会导致地方性的公共产品不能全方面地满足当地居民的偏好。因此，地方性的公共产品由于受益范围的区域性特征，只能由地方政府来提供。

地方政府提供公共产品的财政支出可以划分为资本性支出与经营性支出。经营性支出是纯消耗性质的支出，通常在短时期内就能产生收益；而资本性支出不同于经营性支出，资本性支出由于投资规模大、建设周期长，产生的收益一般在投入一段时间后才发挥作用，诸如道路、桥梁、供水、供热、地铁、高速公路等。这类资本性支出提供的地方公共产品的成本与收益存在时间上的不一致性，如果只用建设期内的纳税人的税收来提供资金，那么受益者和成本负担者就有可能变得不一致，即现在的社会成员承担了公共产品的所有负担，而未来的社会成员则免费享受了现在建设起来的公共产品的好处。如果将成本仅由建造的这一代人来承担，是不公平的，会严重影响付出成本的这一代人的福利效用水平，因此其建造成本应该由能够享受到这种公共产品好处的几代人共同承担。现在纳税的居民并没有享受其所投资的公共产品的未来收益，而未来的居民没有付出任何成本就可以免费享受现在居民所投资的公共产品，显然这不符合代际公平的原则。为了使得不同代际的居民公平地享受公共产品，需要通过举债的方式对地方政府提供地方资本性公共产品的支出按比例进行分担。对于政府的资本性支出不应以税收作为唯一的资金来源渠道，可以通过举债的方式来融资，使公共产品的成本在各代人之间公平、合理负担。地方政府提供地方性资本性公共产品，也为地方政府通过举债融资来进行资本性支出提供了理论基础，地方政府举借债务更能够优化资源配置，能够提高公共产品供给效率，厘清供给责任。

公共产品理论不仅从优化资源配置，提高公共产品的规模和效率方面，为政府举债提供了理论依据，而且区分了资本性支出和经营性支出，从代际负担公平的角度为规范政府债务资金投向提供了理论支持。而财政分权不仅可以减少中央政府与地方政府的矛盾，提高地方政府发展经济的积极性，同时也可以提高公共产品的使用效率并满足对公共产品的多样性需求，弥补市场对资源配置的不足。

2.1.3 委托代理理论

委托代理理论是契约理论最重要的发展之一。它是20世纪60年代末70年代初一些经济学家深入研究企业内部信息不对称和激励问题而发展起来的。委托代理理论本质上描述的是一种契约关系，由于存在信息不对称，代理人作为行动者是掌握信息的一方，而委托人是信息不足的一方。在委托代理关系中，委托人总要通过设计合约来减少代理问题或代理成本：通过设计适当的合同来诱使代理人从其自身的利益出发选择对委托人最有利的行动，即通过激励约束机制的建立来降低代理成本。委托代理理论不仅适用于经济领域，而且适用于政治领域，都是自身效用最大，即经济人假定，从而发生目标偏离，由此产生信息不对称下的激励问题。委托代理理论的中心任务是研究在利益相冲突和信息不对称的环境下，委托人如何设计最优契约激励代理人。

地方政府既是中央政府在地方上的代理人又是其辖区企业和居民的代理人，扮演双重代理的角色，居于十分重要的地位。首先，地方政府与其上级政府之间存在委托代理关系，体现为上级政府与下级政府划分事权财权，通过上级政府拨给下级政府一定的资金并要求下级政府完成划分给下级政府的任务。在划分事权与财权的时候，就形成了一定的契约关系。从信息结构方面来看，地方政府比其上级政府对本地区的情况更了解，掌握更多的信息，所以处于信息优势的一方，而上级政府则处于信息劣势的一方。其次，地方政府与公众之间存在委托代理关系。公众是最初委托人，他们通过选举地方议会，把公共事务授权给地方议会决策，并通过他们手中的选票对议会会员形成制约，而地方议会则通过组成政府进一步把公共事务委托给地方政府，对地方政府进行监督。这样就形成了公众与地方政府之间的委托代理关系。

委托代理理论同样为政府举债提供了相关理论依据，说明了在中央和地方政府的委托代理框架中，中央政府为委托人，地方政府为代理人，作为代理人的地方政府在辖区内经济社会的发展过程中是如何进行选择的。

2.1.4 制度变迁理论

卢瑟福认为，按照制度主义经济学研究假设和研究方法以及主要观点内容的不同，制度主义经济学可以分为老制度主义学派和新制度主义学派。老制度主义学派认为理性最大化行为这一前提假设不够合理，强调规范、习俗、文化对于个人行为的影响，重点研究社会制度对个人行为的影响；新制度主义学派接受了新古典主义学派的分析方法，但拒绝了完全理性人的假设，并通过数学模型和博弈论方法的引入，形成了自己的系统理论和假设检验条件。

新制度主义学派是指以产权制度、交易费用及契约理论为主要研究内容的制度经济学派，其代表人物主要有科斯、哈耶克、奥尔森、诺思等。哈耶克坚持进化论，认为制度是经过不断试错、日益积累而得到的结果，是经验的总结。哈耶克反对在制度变迁中理性中心的作用，他认为理性中心对推动社会制度创新起阻碍作用。奥尔森是公共选择学派的奠基人，奥尔森认为，现实中存在具有共同利益的利益集团，个体通过利益集团的有组织的活动来实现个人利益，利益集团也以提升集团个人利益作为其主要目标。诺思是制度变迁理论的集大成者，他对新古典制度变迁理论的五个基本假设逐一提出反驳，进而诺思引入了人口变迁理论、知识存量增长理论、制度理论，并将研究的重点放在制度理论上。他认为制度理论的三大基石是产权理论、国家理论和意识形态理论。按照诺思的观点，制度变迁是由于制度供给不足而引入的一种新的制度安排，以适应制度对象的新情况、新特征，并推动制度对象的发展。根据制度变迁理论，在现有的制度环境下，各主体之间的竞争最终表现为不同制度体系的竞争，竞争主体最终能否胜出的关键是制度变迁。地方政府债务扩张，可以看作是地方政府在原有制度框架下制度供给不足而引发的一种制度变迁的结果。通过制度变迁，地方政府找到了发展地方经济和筹集资金的途径，这是一种诱致性制度变迁的过程。

我国地方政府债务扩张过程中的诱致性制度变迁，是以1994年的分税制改革为背景的。在改革开放以前，我国的财政治理模式完全由中央政府主导，地方政府的收入和支出完全在中央支付设定的制度框架下实施，地方政府无权突破中央政府的制度规则。随着改革开放的推进，中央政府不断给地方政府放权，地方政府管理地方财政收入和财政支出的权力不断扩大。随着1994年开始的分税制改革，中央和地方政府的财政分权框架逐渐稳定，但中央与地方财权事权不匹配的问题逐渐显现。分税制改革，使得中央吸收了几个主要税种的大部分收入，一些征收困难、潜力不足的零散税种留给了地方。实行分税制后，中央财政占总财政收入的比例逐渐增加，而地方财政收入的比例逐渐下降，特别是省级以下政府的财政收入更是捉襟见肘。同时，中央与地方政府的财权事权不匹配问题日益突出，地方政府的财政收入占总收入的比例下降了，但地方政府的事权却不断增加，支出责任并没有随着财政收入占比的减少而减少。由此出现了地方政府债务。一方面，地方政府的财政收入有限；另一方面，地方政府承担着加快地方经济社会发展的主要职能，同时还要保证公共卫生、社会治安等基本公共产品的供应，地方财政支出需求不断增加，这必然会导致地方政府财政赤字的增加。在2015年的新《预算法》实施之前，地方政府不能通过发行政府债券进行融资，而地方经济发展又需要大量的资金投入，地方政府必然会探索在融资模式上的制度创新，通过组建地方融资平台开展间接融资是地方政府的主要融资模式，是在现有制度框架下的一种诱致性制度变迁的结果。

制度变迁理论既为地方政府债务的产生提供了理论依据，也同时为地方政府债务规模扩张的原因做出了解释。

2.2 文献综述

关于政府债务问题，早在20世纪八十年代国外学者就已经开展研究与探讨，但是当时的学者们并没有区分中央政府债务与地方政府债务。对地方政府债务的研究主要包括以下几个方面：第一，地方政府债务必要性的研究；第二，地方政府债务产生影响的研究；第三，地方政府债务管理研究。

2.2.1 地方政府债务必要性的研究

国内外许多学者对地方政府债务进行了研究，从不同的方面阐释地方政府债务，论证地方政府债务是否应该存在。有的学者认为政府举债是有害的，原因是地方政府债务可能会对一国经济和社会发展活动产生一定的负面影响，从而阻碍一国经济的发展；有的学者认为政府举债是有意义的，它对增加人们的消费欲望，促进社会的就业水平以及推动经济的进步具有重大的影响。还有一些学者对政府举债行为持有中立的态度，他们认为政府举债是合理的，对政府举债既不全盘肯定也不全盘否定，他们认为站在不同角度下，政府债务发挥的作用是不同的。

（1）地方政府举债有消极作用

300年前，古典经济学派的学者就认为，地方政府举债的活动将会对本国的经济发展产生十分不利的影响，他们认为主要原因在于地方政府债务具有非生产性这一特殊性质，它不利于生产力的提高，会降低资金偿还的保障性，庞大的政府债务只会给政府带来巨大的经济负担，使得地方政府偿债困难。Smith（1776）在其著作《国民财富的性质和原因的研究》中对政府的借债行为予以否定，他认为政府举债就相当于政府干预经济，会对经济发展产生不利影响，政府为了偿还债务，会采取提高税费的做法，这无形中加重了百姓的经济负担，所以他提议各级地方政府在经济发展中只要充当好一个“守夜人”的角色就足够了，它们只需要为自由竞争的市场经济创造出一个良好的外部条件就可以。大卫·李嘉图提出“李嘉图等价定理”，他指出在特定情况下，政府举债或者收税起到的效果是相同的，如果用来偿还债务的资金不是来源于公共收入的超支部分，那么就不会减轻债务风险。Ricardo（1817）提出，如果政府举债，会造成政府债务的大量累积，其最有可能造成的后果就是使物价飞速上涨，甚者还会阻碍到当地工业的发展进程。政府的借贷不仅不能刺激经济增长，而且会对经济增长起到反向作用。Elmendorf和Mankiw（1999）提出，储蓄率和政府债务存在负相关关系，储蓄率会随着政府债务规模的扩大而降低，这在一定程度上可能降低人民的投资和消费欲望。Cochrane（2011）认为，如果政府举债，就会使地方的税收效应放大，税收会转移到将来的日子里，这可能造成消费通货膨胀，阻碍经济的正常健康发展。

（2）地方政府举债有积极作用

Hansen（1941）曾提出，如果一个政府举债，将带来充足的就业机会，带动当地就业率上升，这会对当地经济的增长起到积极的促进作用。Lerner（1965）也同样对政府的举债行为持有乐观态度，他提出，政府举债可以促进消费水平的提升，拉动内需有利于经济的增长和繁荣。凯恩斯同样认为政府举债具有一定程度上的合理性，他提出政府举债可以促进政府有效需求的提升，具有推动经济发展的正面作用。尽管在经济大萧条时期政府举债会加大政府性债务的规模，存在潜在的债务风险，但如果政府举债带来的正面影响大于负面影响，那么政府举债就是有价值的。

还有一些学者从另一个角度证明政府举债的积极影响，如Mello和Luiz（2000），他们认为大部分地方政府会把其通过举债行为筹借到的债务再用到基础设施建设领域，如果这些地方政府真的采取这样的措施，那么不仅可以增强地方政府的财力，缓解地方政府财政收入有限的压力，而且可以拉动当地经济的增长。Hildreth和Miller（2002）在对地方政府债务和经济增长这二者的关系进行实证考察之后，发现地方政府的举债行为和经济增长之间存在一种良性循环关系。一方面，倘若一个地方政府举借债务，可能会在一定程度上促进当地经济水平的提高；另一方面，一个地方的经济发展水平越高，则它就越具有高的偿还地方政府债务的能力。

（3）地方政府举债有合理之处

Buchanan（1976）是公共选择学派的著名学者，他认为，在短时期内，政府举借债务可能会带动地方经济的增长，然而从长期来看，政府举借债务对经济的增长起不到任何作用，甚至阻碍经济增长。从这个角度上讲，他认为政府举借债务的行为是一把双刃剑，故政府举借债务具有双重合理性。Stiglitz（1987）也提出政府举借债务具有一定的合理之处，他认为政府举债既不会对消费支出产生任何影响，也不确定是否存在挤出效应。Afonso和Jalles（2013）指出，尽管政府债务对地方政府的影响不显著，但人们仍需要警惕地方政府债务规模的增长，控制地方政府债务规模，使其维持在一个合理的范围之内。

2.2.2 地方政府债务产生影响的研究

（1）关于地方政府债务和经济增长关系的研究

目前，关于地方政府债务对经济增长产生怎样的影响，还是一个富有争议的话题，虽然激起了越来越多的国内外学者的思考，但始终没有形成统一的定论。尤其自2008年全球金融危机以来，各国政府为刺激经济增长造成了债台高筑的局面，地方政府举借债务是利大于弊还是弊大于利成为各国的热点话题，这也进一步引发了众多学者对此不同的看法和见解。国外对地方政府债务的研究理论经历了漫长且曲折的发展阶段，其中所发行的地方政府债券一直以来都充当着政府筹集资金以及调控经济社会的重要手段，人们对其的认识伴随着经济发展阶段以及政府职能的发展而不断深化。关于地方政府债务与经济发展关系的理论研究，具体来说可整理归纳为以下三点：

第一，地方政府债务可以促进经济增长。

国外对其的探索最早是在重商主义时期，此时学者认为政府发行政府债券，可为市场运行提供资金支持，有利于农业和工商业的发展，同时不会加重人民的负担。凯恩斯主张的“债务有益论”则认为，政府增发大量公债有利于实行赤字财政，从而就可以实现解决有效需求不够充足的问题，这无疑有利于缓解我国的财政问题。美国一些经济学家如汉森、萨缪尔森等也都纷纷认为政府债务对经济发展会造成正面影响，就算在经济繁荣时期，也要实行扩张性的财政政策。只要实际地区生产总值比潜在地区生产总值低，地方政府就必须通过扩大财政规模的手段来实现促进其地区经济发展的目标。Winston和Chrystol研究发现，一个国家的经济增长可通过举借外债来实现，外部债务对经济增长具有正向效应；Victor和Cdristopher在对1970—2012年的加纳长期公共债务和经济发展的关系进行分析后，发现二者存在显著的长期的正向关系。对此，他们提出加纳政府可为发展高质量项目发行政府债券，这些会在日后为当地经济做出不少的贡献。

一些国内学者通过研究也发现地方政府债务在促进经济发展方面具有良好的正向作用。缪小林等（2014）在对我国西部Y省106个县域的地方政府债务和经济增长情况进行实证分析后，发现虽然社会投资对于经济的促进作用要强于地方政府债务，但是地方政府债务依然可以带动县域经济的发展。肖雅婷（2017）使用固定效应模型利用1997—2013年省级地方政府债务面板数据对中东西部地区进行回归后，发现地方政府债务对于东部地区的经济增长影响不显著，但是地方政府债务通过影响全国和中西部地区的生产性支出进而对经济增长产生正面的影响；邱栎桦等（2015）利用动态随机一般均衡模型和动态面板模型分析两者之间的关系，并利用动态面板阈值模型探索适当的地方政府债务规模，得出地方政府债务在短期内促进了经济增长的结论。但长期来看，地方政府债务对经济增长没有重大影响。朱文蔚等（2014）对地方政府债务与区域经济增长进行了研究，发现地方政府借贷对促进区域经济增长具有正向作用。随着债务率的增加，区域经济增长率也在加快，但增长率具有收敛性。胡奕明等（2016）通过对2010—2013年审计署债务审计数据的多元统计分析，发现地方政府债务与区域经济增长之间有正向关系，但未发现倒“U”形关系。同时，该研究还发现在人口迁出地区、经济不发达地区和金融支持力度大的地区，地方政府债务对于经济的拉动作用更加显著，这类地区的经济发展更多地依赖于政府的推动。姚洪心、李正宇（2017）选取了2010—2014年间112个城市的政府债务进行回归研究，发现地方政府债务与经济增长之间存在着显著的正相关关系。其中与总债务相比，直接债务能更大程度地影响地区经济增长，而在债务率相对较低的城市以及大中城市，政府债务会更强地作用于经济增长。陈瑞（2017）利用固定效应模型对2010—2015年间30个省区的地方政府债务数据进行回归分析，发现地方政府通过举债进行基础设施领域建设，同时压低工业建设用地价格，对地区工业经济发展起到正向的影响，但没有起到对邻近地区工业经济发展的带动效果。徐长生等（2016），利用255个地级市的1 424个地方政府融资平台（2006—2013年）数据深入分析了“地方政府债务——基础建设投资规模——地区经济增长”的作用机制，他们发现地方政府债务在促进城市经济发展中具有重要作用。但是，由于区域经济发展水平的不同，地方政府债务在促进经济增长中的作用大小也不同。具有较高区域经济发展水平的地区，因为其地方政府手握更多的财政资源，可以提供更高质量的基础设施，并且良好的区域发展投资环境将反过来促进区域经济增长；朱娜等（2018）通过门槛回归模式对我国28个省区的地方政府总负债、直接负债、或有负债和经济增长数据进行分析，发现地方政府直接债务对经济增长的促进效果显著，而或有债务对经济增长的促进作用不显著。

第二，地方政府债务可以阻碍经济增长。

当谈到“地方债务”时，有些学者保持着一种消极的态度。古典经济学时期，大部分学者认为大量的公债会造成通货膨胀，Hume就曾经提出过一种观点：“不是国家消灭公债，就是公债毁灭国家，两者必居其一。”他认为国家发行公债后会采取增加税负的形式支付债券利息，这会加重人民的税收负担；Vincent（2011）发现尼日利亚的外部债务每增加1%，地区生产总值就会下降0.027%；Willam和Emmanuel（2012）利用固定效应和随机效应分析方法，通过研究175个国家政府债务与国家经济增长之间的关系，发现地方政府债务会对其相应经济的发展产生十分不利的影响。

Diamond（1965）提出，在地方政府支出保持既定不变的情况下，地方政府债务只会促进短期消费的增加，但地方政府债务的增长会带动长期利率的提升，从而挤占长期的私人投资，对经济增长产生消极影响。自欧洲发生主权债务危机以来，有许多学者利用实证分析的方法去研究地方政府债务与其经济增长的关系，他们普遍都支持一国的债务水平越高，越不利于经济增长的结论（Kumar & Woo，2010）。陈思霞等（2015）认为，过高的地方政府债务比率将对公共支出的使用效果、实施财政政策的稳定性以及资本积累产生不利影响，并且还会增加税收的扭曲程度以及产生更难解决的通货膨胀问题。如果一个国家或者地区不顾经济发展的可承受能力而过度负债，随之而来的就是该国家或地区的经济发展受到威胁，因此把地方政府债务规模控制在一个合理的规模范围之内是十分重要且必要的。中国经济于2008年开始走“下坡路”，但与此同时，信贷增长率仍在继续攀升。经济增长减速时期的流动性需求得不到满足，这种现象是流动性增长与经济增长的“脱节”，其主要原因归咎于大规模的地方政府债务对地方经济发展的拖累（张军，2007）。

如果地方政府受到其地方政府债务极度严重的约束，那么地方政府债务的增加，就势必会对其经济增长起到严重的反向作用（陈诗一等，2016）。龚强指出，由于融资平台有负债率高、信息模糊等的问题，所以经济长期不能呈现良好的增长态势。贾晓俊等（2017）提出不断积累的地方政府债务是一枚“定时炸弹”，随时威胁着我国经济的增长，不利于我国经济持续健康发展。杨灿明（2013）认为，地方政府债务的上升可能会引发税费的上升，这会增加企业的税负，加大企业开发和经营的难度，不利于企业的发展。

第三，地方政府债务和经济增长呈现非线性关系。

在探讨了地方政府债务与经济增长之间的关系之后，国内外学者指出应将债务水平在经济增长的过程中控制在一定的范围之内。在这个范围之内，地方政府债务对经济的发展有正向的促进作用，然而地方政府债务的规模一旦超过这个范围，它的增长则会对经济产生负面的影响。Reinhart和Rogoff（2010）通过研究发现，一个国家的经济增长率与地方政府债务占地区生产总值的比重有很大的关联性，倘若一个国家的地方政府债务占地区生产总值的比重大于90%，那么它的经济增长率会比较低；反之，如果新兴市场国家的地方政府债务占地区生产总值的比值低于60%，那么这些国家的经济增长率会呈现一个相对较高的态势。Philipp和Cristina（2012）通过研究20世纪70年代以来12个欧元区国家地方政府债务和人均地区生产总值之间的关系，发现地方政府债务和经济发展的关系并不是线性的，而是存在一个分水岭，假设地方政府债务的数额占地区生产总值的90%以上，则地方政府债务的增加会拉低经济的发展水平。邱栎桦等（2015）通过对西部某省县政府债务与经济增长关系的调查分析，发现地方政府债务门槛为20%。陈诗一等（2016）基于三部门动态博弈模型，发现政府债务约束与经济发展之间存在倒“U”形关系。刘伟江等（2018）发现地方政府新增债务率的阙值为8.11%，如果地方政府平均新增债务率低于8.11%，那么地方政府债务对经济发展起明显的正向作用；反之，对经济发展起阻碍作用，使经济从高速影响机制转为低速影响机制。毛捷等（2018）通过对2004—2015年中国地级市数据的收集和整理，发现地方政府债务对经济增长的影响是倒“U”形的，不同地区的政府债务平衡点不同。陈菁（2018）利用阈值模型，证明了地方政府债务与经济增长之间存在一个独特的阈值。当地方政府债务低于临界值时，可以促进经济增长；反之，则有反向作用。李强等（2012）认为基础设施建设可以在一定程度上刺激经济发展，但是如果基础设施投资过量，会对其他类型的投资产生挤出效应，不利于经济的长期可持续发展。可见，倘若地方政府债务用于基础设施的建设，在短期内会促进地方经济的增长，但发展到一定阶段后，对地方经济产生反向作用，故而地方政府债务和中国经济增长呈现倒“U”形的非线性关系。因此不论是中央还是地方都应努力将债务规模控制在可以承受的范围之内。

（2）关于地方政府债务和民生发展关系的研究

通过查阅文献后可以得知，我国一直致力于通过地方政府举债来加强市政基础设施建设、弥补财政资金缺口以及促进经济发展，而且对这些方面的投资的确起到了十分重要的作用。

自1991年起，联合国在综合考虑全球各个国家的教育程度、人民寿命和消费水平等多个因素后，对一些国家的民生综合指数加以排名。其他各国也根据各自情况构建民生指数，Wolfgang Beck、Alan Walker提出“通过福利供给来提升个人潜能，以促进社会整合，是考察一个社会民生发展水平的重要因素之一”。

在国外已有的文献中，一些学者关于地方政府债务以及民生发展问题的研究，主要有以下几个方面：凯恩斯曾提出，政府债务虽然可能会造成经济上的浪费，但是在另一方面它可以使得社会财富值增加。Blanchard和Giavazzi就是这样认为的：地方政府发行公共债券可以有效解决与民生密切相关的公共产品资本投资约束问题，同时也会对经济的发展起到很好的推动作用。地方政府对预算的有效管理和债务管理的高透明度所带来的积极作用，不仅可以抑制地方政府的隐性担保，而且可以减少其对财政和金融体系的威胁。邓小兰等人在其文章中表明，他们认为地方政府的债务活动可以起到扩大投资以及促进民生发展的作用，除此之外民生的发展将进一步成为推动经济发展的强大动力，从而达到促进经济资源有效流动的核心目的。Greiner A. Waliware（2012）也在其研究的过程中发现了一个现象，即如果发行政府债券的基础资产是不同的，那么与其相对应的对社会福利所产生影响也是不一样的。Panizza和Presbitero认为国家地方政府债务的数量、组成方式以及债务结构都将会对本国的民生发展问题产生重大影响，但是除此之外地方政府债务也可以实现经济资源的有效转移，这无疑也是一条可以明显改进社会福利并提高民生水平的重要途径。郭凡（2010）就曾经提出了这样的一种观点：各级地方政府发行债券是为了获得融资资金，旨在扩大资本性公共产品的供给，公共产品的有效供给可以促进地方经济水平的提高。Minea Piarent（2012）指出地方政府债务对经济的影响在不同情况下是有差异的，这种差异和政府的运作效率相关联，当政府的运作效率较为低下时，是有可能出现债务对经济和民生都产生负面影响的情况的。

还有一种说法就是认为国家的地方政府债务是利用经济因素来作用于民生发展的。其中最为有名的就是Cerra和Saxena，他们认为地方政府发行债券可以间接影响民生发展问题，这主要是地方政府债券通过对产业结构、消费以及分配等产生一定的影响，以此来调整经济结构最后实现经济稳定以及可持续增长的目的，与此同时还可以进一步改善并提高民生发展水平。Reinhart和Rogoff则认为在一些经济环境良好的中等发达国家甚至是不发达国家，地方政府债务都可以实现提高民生水平以及改善社会福利的目的。Égert使用变形的Reinhart-Rogoff数据进行计量经济学分析，通过非线性阈值模型，他发现债务对经济增长的影响是非线性的，其作用是正向还是负向并不确定。范如国（2013）从生活环境、社会保障、收入和支出三个角度，建立了民生指标综合评价体系，发现民生水平与地方政府债务水平之间存在一定的关系。Oates（1985）提出发行地方政府债券的政府的民生水平明显更高一些，因为政府的基本职能就包括加强地方基础设施建设，所以地方政府在获得收入后，会积极进行基础设施建设，间接带动当地民生水平的提高。Jaifer（2009）认为地方政府债券发行可以在一定水平上促进社会再生产过程中的产业结构、分配、技术等问题的改革，推动经济结构的完善调节，增强经济稳定性，提高民生质量。

卫志民（2014）表示从2010年到2013年6月，我国地方政府债务的增长率达到了50%左右，但中央政府债务的增长率趋于持平，呈现出与民生水平相同的趋势。范如国和张宏娟（2013）利用生活环境、社会保障、收入与支出构建民生指数，并考察民生指数、地方债务、经济发展之间的关系，发现三者之间彼此都存在一定的关联性，相互影响。苗文龙（2012）认为民生水平的提高可以增加对经济资源的需求，从而带动地方经济的快速发展，所以很多地方政府为了实现扩大投资的目标，改变债务资金的投向，将债务资金投向改善民生的方向。

（3）关于地方政府债务和企业债务水平关系的研究

关于地方政府债务水平影响企业债务水平的问题，国内外学者对此进行了定性分析和定量研究，部分学者发现地方政府债务会对企业债务水平产生显著影响。Taggart（1986）曾利用美国时间序列数据研究宏观变量对企业债务变化的影响，发现地方政府债务无论是在短期还是在长期均对企业债务有显著影响，而通货膨胀、商业风险以及税收政策不能对企业债务的变化产生有效解释。Krishnamurthy和Jorgensen（2012）发现地方政府债务对企业债务具有替代效应。

同时也有研究发现地方政府债务水平会对企业债务水平起到挤出效应。所谓“挤出效应”是指政府为了平衡财政预算赤字，采取发行政府债券的方式，向私人借贷资金市场筹措资金，从而使市场利率上升，私人投资和支出因而相应地下降。一部分学者认为地方政府债务的挤出效应是通过需求竞争机制产生的，即在地方政府债务融资的情况下，地方政府部门和企业部门会对资金需求展开竞争，从而银行会减少企业贷款。Fan等（2012）通过对39个发达国家和发展中国家的资本和债务结构研究，发现地方政府债务规模降低了发展中国家上市公司的债务规模。Graham等（2015）根据美国1920年至2012年的时间序列数据，发现联邦政府债务比率的增加将导致未受监管的上市公司债务比率下降，以此证明两者之间存在显著的负相关性。Greenwood et al.（2010）基于理论模型，发现公司的债券期限确实与地方政府债券期限成反比，公司债券大致能够填充30%~40%地方政府债券的缺口。Yousha Liang

(2017) 采用我国的工业企业数据作为企业层面的样本，用wind数据库中的省级城投债数据，通过实证方法验证了我国是否存在这样的规律。他们发现，在总体上地方政府债务会对企业债务产生挤出效应，但是对不同性质的企业具有不同的影响，地方政府债务对于非国有企业的债务具有显著的挤出效应；对于国有企业而言，它则具有明显的挤入效应。车树林（2019）利用我国上市公司的非金融企业数据和国家层面的政府债务数据进行分析，研究结果表明不管是企业市场杠杆率还是财务杠杆率，地方政府债务对企业的杠杆率都会产生显著的负向影响，他认为这种结果不是由国外债务驱动的，而是由国内债务驱动的，并且在考虑公司异质性的情况下，认为地方政府债务对于企业杠杆率的影响在规模更大和融资摩擦更小的企业中更为明显。

还有部分学者认为，价格的竞争机制推动了地方政府债务挤出效应。地方政府被认为是具有高信用的经济部门，地方政府债务投资的安全性远高于公司发行的债券，因此地方政府债券的发行会吸引一部分投资者，使其将投资额从企业流入到地方政府部门手中。故企业为了吸引这部分投资者，只好采取提高公司债券收益率的方式，这会导致公司债券收益率的上升，同时也会减少公司债务规模。Friedman（1986）研究认为，增加长期国债可以大大提高政府债券和其他证券的预期收益率，而政府债务融资可以减少股票和债券之间的利差。Irem Demirci等（2016）利用40多个国家的数据，运用实证方法考察地方政府债务水平对企业债务水平的影响，实证结果表明，地方政府债务水平与企业的债务水平呈现显著的负相关关系。他们认为由于地方政府债务比企业债务有更高的安全保障，所以地方政府债务的增加会减少居民等资金持有者对企业债务的需求，会对企业的债务水平产生挤出效应。在此基础上，他们还发现，地方政府债务对企业债务的影响在不同的国家有显著的异质性，在规模更大、盈利能力更强、股权融资市场更发达、企业对银行渠道融资依赖度更低的国家，企业债务受到地方政府债务挤出的效应会更加明显，因为这些公司融资渠道更多，可以灵活调整企业的融资方式。

2.2.3 地方政府债务管理研究

（1）地方政府债务管理模式

关于地方政府的管理模式，国内外学者主要从各国的实践角度出发来梳理阐述评价其债务管理模式。

国外学者大多从各国实践出发，对债务管理模式进行详细阐述。Teresa Ter-Minssian和Jon Graig（1997）在对全球53个国家的债务规模以及模式进行比较以后，定义了四种主要模式。同时，他们展开对每种管理模型的利弊分析及适用条件的讨论。Lane在1993年的研究中主要对市场约束模式进行了深入的探讨，认为要实现市场约束模式的良好效果就必须以拥有一个开放、自由、完善的金融市场为前提条件，而对大多数国家尤其是发展中国家而言是不具备有一个成熟的金融市场这一条件的。Inman（2003）通过对美国的分析，认为一个国家的市场约束必须包括工作效率高的政府、完善的金融市场体系、成熟的资本和土地市场以及完备的地方政府预算体系，只有符合这些条件，才能在一定程度上对其举债行为的约束起到有效作用，否则国家必须采取法律或行政的强制手段来对此进行管理。Singh和Plekhanov（2005）对地方政府债务管理的制度约束模式进行了研究，发现实现地方政府债务管理需要控制公共支出、财政赤字水平、债务上限以及偿债能力等指标；Singh和Plekhanov（2005）通过构建面板数据对1982—2000年间的44个国家进行了地方政府债务管理模式分析，研究发现无论哪一种债务管理模式都很难做到在任何情况下可以优于其他的地方政府债务管理模式。

国内一些学者也对地方政府债务管理模式进行了研究。杨聪杰（2006）、财政部预算司（2008）、李萍（2009）等对世界各国早期的债务管理模式进行了详细的介绍和分析，并进行了比较。赵晓宏（2007）、马金花和李国锋（2010）、安利伟（2011）等学者在借鉴外国债务管理模式经验的同时，也提出了构建一套适合我国国情的风险债务管理模型的建议。

（2）地方政府债务风险研究

20世纪90年代之前的西方国家对地方政府债务的研究局限于地方政府是否要举债的问题上。对地方政府债务风险的研究直到20世纪80年代后期才开始，真正深入的研究是在20世纪90年代。国外学者对地方政府债务风险管理的研究主要集中在金融风险矩阵上，通过建立金融风险的基本分析框架，进而对各国地方政府债务进行判断。研究成果主要体现在政策和技术方面，反映了债务的类型和特征、金融风险的成因及对策，但是缺乏对地方政府债务承担能力的研究，无法有效地揭示其债务风险。Hana Polackova Brixi在1998年的工作论文中提出了著名的财政风险矩阵（The Fiscal Risk Matrix），这一矩阵从显露与否和是否有明确规定的法律与合同这两个角度对此进行了分析研究。Ma Jun（2002）构建了一个欠发达国家虚拟研究对象，通过借鉴巴西、哥伦比亚以及美国的债务风险预警体系，建立了一套具有示范作用的地方政府风险管理准则。Allen Schick（2002）对世界各地的地方政府债务风险管理进行了分析研究，通过对其的经验总结构建了一套新的地方政府债务管理体系。Suresh（2003）则试图通过实证研究财政赤字，建立一套通过金融部门和企业风险分析工具来科学量化地方政府债务的方法。

我国对地方政府债务风险的定性分析起步较早。首先，通过构建债务指标体系对地方政府的债务进行总体估算，随后建立相应的预警系统，并提出相应的地方政府债务风险防范措施。其次，地方政府债务问题主要从定性的方面对债务风险进行解释和说明，其研究缺乏一定的数据支撑。最后，由于我国的地方区域过于庞大，对于地方政府债务风险的研究大多通过选取有代表性的地区来反映债务风险整体的概况，这种研究只能对其有个大概了解，缺乏精准性，不能准确地对风险进行更好的评估与整合，可能会与实际情况存在一定的偏差。刘谊等（2004）通过建立两个指标体系，对地方政府债务风险的大小进行了度量，从而得出了地方政府经济的总体综合风险；裴育等（2006）从四个风险入手，即财政收入风险、支出风险、赤字风险和债务风险，将地方政府债务风险预警指标体系分为短期偿付能力指标和长期偿付能力指标两大类。马骏（2003）通过建立早期预警系统来监测和评估地方政府的负债与地方政府的整体风险。谢虹（2007）通过研究导致地方政府债务形成的因素，将地方债务风险进行了分类，按照地方政府债务的直接性和间接性确定了12个指标，采用模糊综合评价法，从预警研究的角度对地方政府债务风险进行了分析。

近年来国内开始流行对地方政府债务风险现状进行定量分析，一方面，由于数据的不断完善，有了更好的基础；另一方面，大部分研究都是以某单一地区的数据为标本进行的，反映的是某个地区的地方政府债务风险。对于采用的方法来说，采用了多种方法从不同角度对地方政府债务风险进行相应的评估。张金清等（2020）在地方政府债务可持续性分析框架中，结合地方政府财政反映的特征，在识别了基础性盈余主动调整的基础上完善了债务不可持续性的度量方法，构建了地方政府债务违约风险模型。靳伟凤等（2020）构建了熵权法——理想解法——RBF神经网络的债务风险预警模型，实证分析了2010—2022年辽宁省的地方政府债务风险。同时，部分学者对我国地方政府隐性债务的风险也开展了大量的实证研究。邹瑾等（2020）结合PPP项目规模数据，从城投债利差视角检验了中央政府打破“救助预期”的政策对于地方政府债券风险定价的影响，研究发现中央政府的“不救助”有效地改善了地方政府预算软约束的现象。缪小林等（2012）通过综合因素评估和对某省经验数据的时间趋势分析，论述了地方政府债务的整体风险和结构来源。谢征等（2012）基于灰色关联理论和神经网络算法的集成，建立了我国地方政府债务风险指数预警模型。卿固等（2011）采用从低到高的“渐进模糊综合评价”方法，从整体上量化了地方政府债务的风险，并结合了地方政府债务预警模型在地方政府中的应用，在地方政府建立起债务风险预警机制，使得地方政府在预测年的整体债务危机处于“安全”范围，以达到预警债务风险的目的。张华明等（2007）在研究江苏省地方政府债务风险时，是以其地方政府债务数据为基准来评估的。考燕鸣（2009）采用了主成分分析方法，基于构建的风险指标体系对债务风险进行评估。杜威（2006）运用了收支流量对比法、熵权法和资产负债法等一系列方法评估了中国地方政府的债务风险，同时分析了地方政府债务对地方经济增长、公共产品供给、财政外部性和挤出效应的影响。

（3）地方政府债务预算管理研究

就预算管理来说，国外学者主要从地方政府债务的约束视角展开讨论，认为地方政府债务是由预算软约束引起的，越集权的经济越容易出现预算软约束，需要通过严肃的预算纪律以及完善的金融市场体制，同时引入债务预算制度来有效控制、约束债务规模（Dewatripont & Maskin，1995；Coen Kruger，1998；Eskeland，2003；Dafflon，Toth，2009）。在我国，地方政府债务总体上具有软预算约束（王永钦等，2016）。朱大兴和郭志强早在2001年，就提出了地方政府债务预算的概念，并提出了地方政府债务预算的原则和编制方法，认为预算管理不包括隐性债务管理。但是，张海星（2007）认为，如果地方政府债务预算管理不包括或有债务，会增加地方政府的财务风险，因此应该建立一个全面的地方政府财务体系，其中包括编制滚动的中期预算，以期反映或有债务的成本。同时，也有学者从整体改进预算管理框架的角度来加强对地方政府债务风险的管理，廖家勤等（2014）提出利用跨期预算平衡机制改革来防范地方政府债务风险，要对地方政府的预算约束加以硬化，建议中期预算框架的时间跨度以我国地方党政首长的五年任期为期限。崔惠玉等（2020）提出推动预算管理一体化改革，以信息化手段以及系统化的思维来开展预算管理工作。随着中国经济形势以及发展理念的变化，对于地方政府债务管理的研究，冀云阳（2021）提出从预算管理到绩效治理的基本设想，提出构建地方政府债务预算绩效管理体系，要按照全方位、全过程、全覆盖的要求对地方政府债务项目的整个生命周期进行绩效评价，以提高债务资金的配置效率。

3 地方政府债务概述

3.1 地方政府债务分类

地方政府债务（简称“地方债”），主要是指具有财政收入功能的地方政府以及地方公共机构所发行的政府债券，它通常是地方政府用来筹措财政性收入的主要方式，地方各级政府通过发行债券得到的所有收入都会被列入其地方政府的预算当中，之后再进行合理的调配。所以地方政府债务通常也被视作地方政府根据其信用原则，以承担还本付息的责任为前提来进行资金筹集的债务凭证。

由于地方政府财力和事权不对称，财政入不敷出的现状推动了地方政府债务的形成。地方政府的财力取决于其财政收入，同时，地方政府的事权又决定了地方政府的财政支出需求。就地方政府而言，如果支出需求大于其财政收入，就需要地方政府通过融资来弥补财政收入不足，这就形成了地方政府债务。另外，如果地方政府在投资建设资本性公共产品时需要采用融资的方式来获取资金，则这种融资与地方政府有着密不可分的联系，并且还具有地方政府债务的某些特征，这是另一种形成地方政府债务的主要方式。与此同时，具有公共产品性质的潜在支出也是地方政府债务的来源之一。

目前，存在两种形式的地方政府债务：一种是地方政府的隐性债务，另一种是地方政府的显性债务。其中显性债务也称地方政府债务。根据审计署和财政部的解释，地方政府的显性债务是指负责补贴的机构、各级机关、融资平台公司以及由公司法人的公用事业单位以直接违约和借款形式形成的直接债务，或由信贷支持（如回购和提供担保）形成的担保债务。而地方政府的隐性债务一般是指地方政府在其法定债务限额以外做出承诺，或者是通过非法提供担保和偿还财政资金而直接借入的债务，其主要是指地方国有企业或者事业单位等代替政府进行举借，之后再由其所在地的地方政府提供财政资金支持或者担保来偿还的债务。

地方政府债务的类型可以根据债务产生的原因、是否具有法律约束或合同约束以及政府的责任进行分类。1998年，世界银行专家Brixi提出了著名的基于政府法定义务标准的财政风险矩阵，根据此矩阵将其分类为直接型和间接型。同时又根据政府债务产生的原因，将其分为直接债务和或有债务。直接债务是指需要政府按照法定义务清偿，并依法或者以合同形式明确记载的债务。或有债务是指政府因政治压力、公众期望或道德责任而提供救济的债务，在法律上并没有强制要求。刘尚希（2012）根据我国地方政府承担的责任构建了我国的地方政府债务风险矩阵（如表3-1所示）。

2013年，审计署发布了《全国政府性债务审计结果》。根据审计署对地方政府债务的统计，依据地方政府债务的资金来源、债务担保人或借款人、债务投资方向，将其分为三类：政府负有偿还责任的债务、政府负有担保责任的债务、政府可能承担一定救助责任的债务（如图3-1所示）。

表 3-1　　我国地方政府债务风险矩阵

债务类型	直接债务	或有债务
显性债务	1.中央政府代理发行的地方政府债券 2.外国政府贷款和国际金融组织贷款中央转贷地方政府 3.国债转贷地方政府 4.地方政府发行的债券 5.农业综合开发借款 6.地方政府粮食企业和供销企业政策性挂账 7.应支未支的法定支出 8.法定（公务员）工资、养老金	1.对下级政府的债务担保 2.对公共或私人部门实体所发行债券的担保 3.对政策性贷款（住房抵押、学生、农业以及中小企业等）的贷款担保 4.政府部门为引资而担保的其他债务 5.政府各部门（为融资）办的融资机构不良资产 6.政策性担保公司不良资产
隐性债务	1.社会保障资金缺口 2.农村社会保障缺口 3.公共投资项目未来的资本性和经常性支出	1.对金融机构支付危机的救助 2.国有企业未弥补亏损 3.拖欠企业在职职工、下岗职工和农民工的工资 4.自然灾害等突发性公共事件

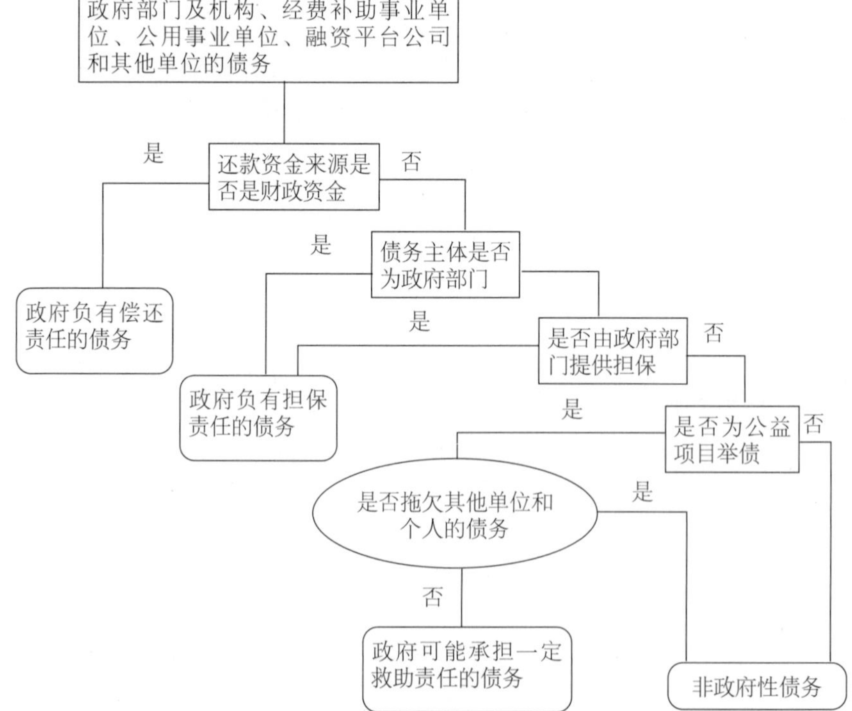

图 3-1　2013 年审计署对地方政府债务的分类

国发〔2014〕43号文是在管理地方政府债务中具有深刻意义的重要文件。该文件引发了地方政府债务的深刻变化。2014年以前，地方政府没有直接举债权，只能通过中央政府发行地方政府债务。由于地方政府能够获取的债务规模有限，每年最高融资额为两三千亿元的规模，无法满足地方政府的支出需要。因此，地方政府多采用其他融资方式，且大部分的债务并不包含在其预算之内。国发〔2014〕43号文的发布赋予了地方政府适当举债的权力，在预算内，地方政府债务规模开始明显增加。同时，2014年《预算法》修正案明确规定，在国务院规定的范围内，省、自治区、直辖市可以直接发行政府债券，但只能以地方政府债券的形式发行，不得通过地方政府融资平台或企业渠道发行。另外，地方政府债券只能替代部分存量债务或规定的公共服务项目的债务，而且这些债务都要包含在其财政预算中。但是，由于政策调整在2015年以后，所以仍然存在预算外的融资形式。

因此，我国现行的地方政府债务按是否纳入地方政府预算和是否受债务限额的约束可分为预算内和预算外政府债务。同时，根据地方政府是否负有直接还款责任，地方政府债务亦可分为直接债务和或有债务。根据资金用途，地方政府债务可分为新增债务和置换债务。新增债务为新增指定公共服务或项目的债务，置换债务为用于置换现有债务的债券。根据偿债资金来源，地方政府债务还可分为一般债务和专项债务。以公共服务或项目收入为标准，对无收入的项目，从一般公共预算收入中偿还本息；有收入的项目，利用政府性基金或利用专项收入来还本付息（如图3-2所示）。

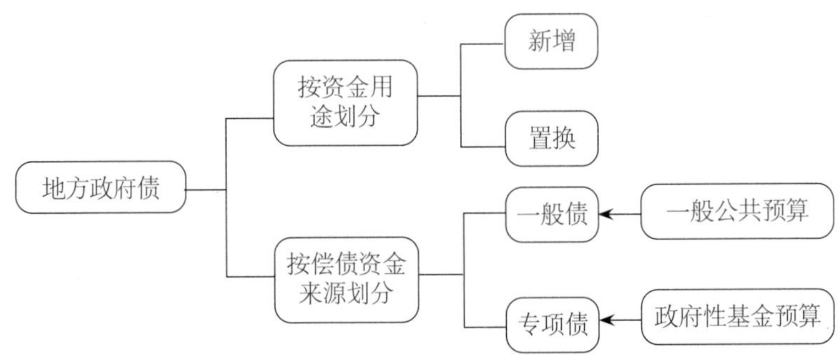

图3-2 2014年新《预算法》对地方政府的债务分类

3.2 中国地方政府债务的演变

3.2.1 第一阶段（1994—2012年）：中国地方政府债务探索成长

（1）依托企事业单位的银行贷款资金以及财政部发行债券转贷地方来实现融资

自20世纪80年代初以来，中央政府下放权力给地方政府，以调动地方政府的积极性，致使地方政府具有高度的财政自主权。地方政府的财政收入和少量的企事业单位银行贷款可以完全满足当地的基础设施建设，地方政府债务的总体规模相对较小。1994年的分税制改革重新架构了中央与地方的财政关系，财权和事权被重新划分。财政权力大规模向中央政府倾斜，而事权开始向地方政府下放，对地方政府财政造成了不对称影响，加剧了地方政府的收入支出矛盾。中央财政收入和支出占总财政收入与支出的比重如图3-3所示。

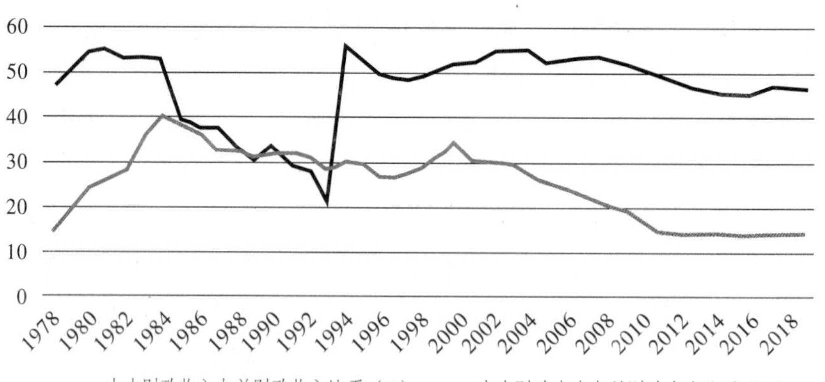

图3-3 中央财政收入和支出占总财政收入与支出的比重

在区域经济发展和财政压力的双重作用下，地方政府开始呼吁举债。但是，与分税制改革相适应的旧《预算法》（1994）规定，地方政府不得赤字，而必须坚持适度原则，而且法律没有赋予地方政府直接借款的权力。而且，《中国人民银行贷款通则》也规定地方政府不具备自主举债的资格。在财政体制和法律政策的双重约束下，地方政府只能依靠企事业单位的银行贷款资金和财政部发行的转贷债券来实现本地的融资。

（2）融资平台启动并迅速扩张

在无法存在财政赤字和巨大的财政压力下，为了规避行政体制与政策限制约束，地方政府开始探索成立融资平台，建立具有中国特色的地方投融资模式。1992年，上海建设投资开发公司成立，开创了通过搭建融资平台参与城市建设的模式。此后，各地方政府及其下属部门开始建立融资平台。1992年至2008年，全国建立各类融资平台6 000多个。

2008年金融危机后，地方政府通过融资平台进一步提升了获取资金的能力。2009年3月，央行、保监会提出“支持有条件的地方政府建立投融资平台，发行公司债券、中期票据等融资工具，拓宽中央政府投资项目的配套资金融资渠道”。仅在2009年，全国新增融资平台就达到了2 000多个。

（3）启动地方政府债券市场，财政部代发代还

为更好地应对2008年国际金融危机，实现地方配套资金安排，财政部于2009年出台了《2009年地方政府债券预算管理办法》，这是我国首次在国债转贷的基础上发行地方政府债券，明确规定地方政府债券的发行主体为省、自治区、直辖市和计划单列市政府。财政部代理发行、代为办理还本付息和拨付发行费的可流通记账式债券，省、自治区、直辖市和计划单列市政府作为债务人承担按期支付利息和归还本金责任。同时，地方政府债券发行费用、本息等资金必须及时向中央支付。债券收入可以用于省级支出，也可以用于市、县一级的贷款用途。

在财政部的代理发行和还款模式下，地方政府虽然是地方政府债券发行和还款的主体，但地方政府在发行方面的自主权较弱。在此期间，地方债的运行模式与国债转贷的模式是极其相似的。与此同时，地方政府债券总量和地方政府债券发行规模需要报国务院批准。2009年至2011年这三年，地方政府债券核定额度为2 000亿元。

（4）部分地区试点自发代还

2011年，财政部印发了《2011年地方政府自行发债试点办法》，在上海、浙江、广东和深圳开展试点，明确提出试点地区要建立偿债保障机制，要求试点地区在规定时间内足额上缴财政部代理债券本息的资金。

财政部在2013年印发了《2013年地方政府自行发债试点办法》，进一步扩大了自行发债的试点范围，增加江苏、山东两个省作为试点地区。就发行端而言，“自发代还”这一模式极大提升了地方政府在发行时间、定价方式以及债券期限等方面的自主权；就偿还端而言，中央政府仍对地方政府债券偿还负有担保责任。2011年至2013年期间，为了满足地方投融资需求，地方政府债券市场规模明显提升，截至2013年年末，地方政府共计发行债券1.2万亿元。

3.2.2 第二阶段（2013年至今）：中国地方政府债务规范发展

（1）拉开规范地方政府举债大幕

2011年至2013年，中央政府开始对地方政府举债行为进行全面排查，为加强对地方政府违法举债活动的控制做准备。2014年9月，国发〔2014〕43号文正式拉开规范地方政府举债行为的序幕。国发〔2014〕43号文的几项规定对后续地方政府债务监管框架的建立打下了基础，并产生了重大影响。具体包括：一是将城投债分离，同时要求地方政府债务不得通过融资平台追加。二是赋予地方政府适度举债权限，明确要求地方政府举债只能通过融资渠道。由国务院确定全国人民代表大会批准的债务数额，地方政府可以公开发行债券并进行预算管理。三是筛选城投债存量债务，可以通过发行更多地方政府债券来替代负责偿还地方政府的债务。四是推进和鼓励通过PPP模式引入社会资本参与提供公共服务和基础设施建设。

（2）经济下行和稳增长压力使后续出台的管控政策开始松动，地方政府债务管理更加复杂

2015年，在经济下行和稳增长压力下，后续政策在不违背“企业债和地方政府债”的前提下开始放松。以PPP模式为例，国办发

〔2015〕42号文放宽了此前规定的“社会资本方不包括融资平台公司及其控股的同级国有企业”，地方政府利用融资平台开展PPP项目作为进一步实现债务扩张的载体。发改办财金〔2015〕1327号文放宽了发债条件，打破原有县级主体非百强县只能建立一家发债平台的限制，大大促进了融资平台的发展。

就地方政府而言，虽然对其发行债券开了正门，但是由于稳增长与限额和预算管理之间存在难以权衡的冲突，地方政府一直有冲动通过其他方式或者城投来实现债务扩张。就金融机构而言，如果资产有了地方政府的担保就有了相对确定、高收益的保障。因此，2015年以后金融机构有很大动力通过金融创新将资金输送到城投领域，为地方政府违规举债提供了温床。

国发〔2014〕43号文的初衷是将政府债与城投债分开，加强对地方债务的监管，同时通过地方政府债务限额管理控制地方政府债务规模，通过引入PPP模式下的社会资本来开展基础设施和公共服务建设，从而提高地方政府管理水平。

国发〔2014〕43号文的目的是削减地方政府债务和城投债，提高地方政府债务监管透明度，通过地方政府债务限额管理控制地方政府债务规模。同时，在基础设施和公共服务领域，地方政府通过PPP模式引入社会资本，提升基础设施项目和公共服务的运营管理水平。但实际上，在稳增长的压力下，地方政府对城投公司的频繁担保和增信措施导致地方政府债务与企业债务的不完全分离。金融创新增加了识别基础资产的难度。产业基金和PPP更容易在财务融资和会计过程中隐瞒杠杆。总之，在国发〔2014〕43号文发布之前，地方政府不仅没有彻底化解地方政府债务的相关问题，反而造成地方政府债务更加不透明，杠杆更加隐匿，结构更加复杂。

（3）进一步加强对地方政府和城投的债务监管

2016年下半年，随着稳增长效应显现，政策基调开始从稳增长转向防范风险、严监管。中央开始纠正地方政府频频违反国发〔2014〕43号文底线的现象，总体思路是让地方政府债务管理相关问题回到国发〔2014〕43号文要求的框架内，使得对地方政府和城市投资的监管得到了加强。

明确禁止有实际债务存量的项目。2017年5月，财预〔2017〕50号文《关于进一步规范地方政府举债融资行为的通知》出台，再次明确地方政府举债的唯一合法途径是地方政府债券，禁止向城投公司提供各类担保。与之前的系列文件相比，财预〔2017〕50号文的发布更具有启发性。此后，根据国发〔2014〕43号文和财预〔2017〕50号文，制定了一系列地方政府债务监管政策。

重新明确政府购买服务的基本原则，制定负面清单。财预〔2017〕87号文《关于坚决制止地方以政府购买服务名义违法违规融资的通知》对地方政府购买服务进行规范，提出购买三项基本原则，并被列入指导性目录，要求地方政府及其部门不得利用或虚构政府购买服务合同为建设工程变相举债，严禁将铁路、公路、机场等基础设施建设，农田水利等建设工程作为政府购买服务项目，更是一石激起千层浪，各界反响强烈。财预〔2017〕87号文的出台在某种意义上迫使地方政府以PPP模式实施基础设施建设。

支持地方政府试点发行项目收益专项债券。在财预〔2017〕89号文《关于试点发展项目收益与融资自求平衡的地方政府专项债券品种的通知》中，中央明确表示支持地方政府平衡项目收益与融资，但是要在专项债券额度内。试点发行项目收益专项债券，可以针对单个项目发行，也可以由多个项目在同一地区集中发行。偿债资金来源包括政府性基金收入和项目专项收入。

3.3 中国地方政府债务现状

本部分从地方政府债务和城投债两个视角来考察我国的地方政府债务现状。从地方政府债务视角看，近年来我国地方政府债务总规模保持相对稳定的水平，各地区地方政府债务规模得到明显控制，从债务率以及负债率与人均地区生产总值的比值来看，欠发达地区债务压力更大。从城投债角度来看，2012年以来城投债发行规模不断扩大，2017年净融资下降，城投债偿债压力集中在2017—2022年，其中东部地区的城投债偿债压力较大。

3.3.1 地方政府债务现状分析

近年来地方政府债务总规模保持相对稳定水平。根据审计署公布的数据，地方政府债务从2008年年底的5.35万亿元增长到2010年年底的10.72万亿元和2013年6月的17.89万亿元。随后，随着国家一系列文件的出台，包括国发〔2014〕43号文《国务院关于加强地方政府性债务管理的意见》、财预〔2014〕351号文《地方政府存量债务纳入预算管理清理甄别办法》、财预〔2015〕225号文《关于对地方政府债务实行限额管理的实施意见》等文件的出台，2014年至今，地方政府债务规模保持相对稳定水平。在地方政府债务余额方面，从2015年开始，全国地方债务余额一直保持上升趋势，截至2020年年末，我国地方政府债务接近25万亿元（如图3-4所示）。

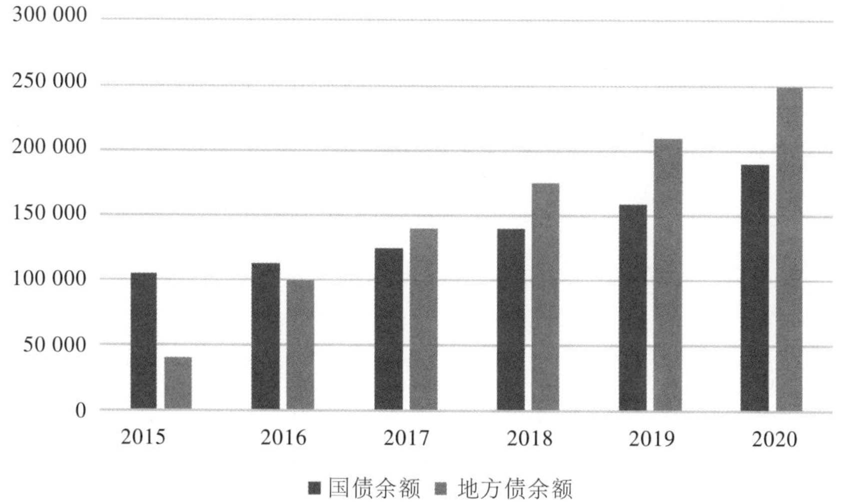

图3-4 全国地方政府债务余额趋势（单位：亿元）

各地区地方政府债务规模得到明显控制。从截至2020年年末的债务规模来看，如图3-5所示，江苏省以17 144亿元政府债务余额居全国各省区首位。紧随其后的山东、广东，两省的债务规模分别为16 539亿元、15 134亿元。从债务余额占比来看，江苏省的债务余额占全国的6.75%，山东省和广东省的债务余额占全国的比例分别为6.51%和

5.96%。相比2019年，虽然江苏省的债务余额仍居全国债务余额的榜首，但其占比已由7.01%降至了6.75%。

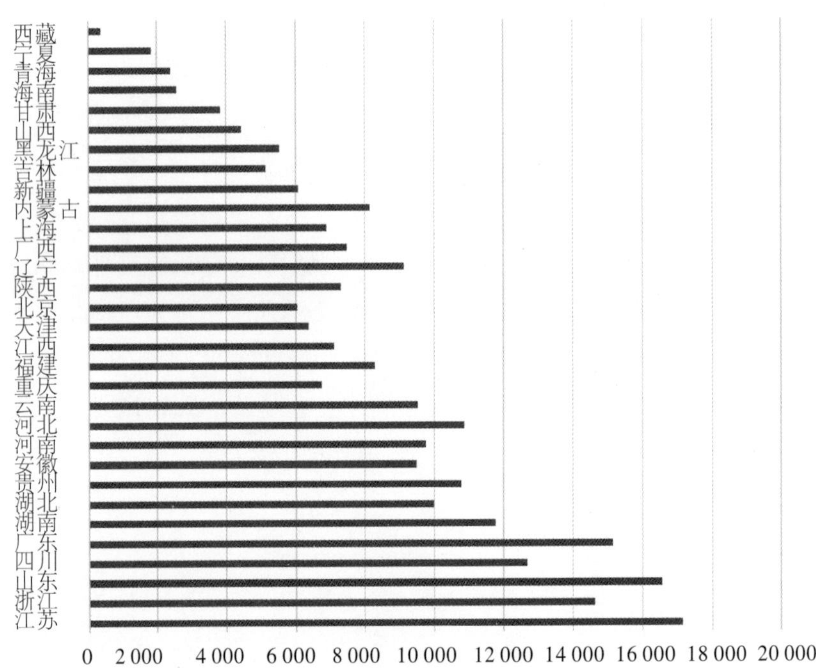

图3-5　2020年中国各地区政府债务余额（单位：亿元）

欠发达地区债务压力更大。2020年年末地方政府债务率最高的地区为天津，其政府债务率高达386.22%。其次为黑龙江、吉林、云南等，这些省大多位于东北、西北、西南等地区，地方财力较弱。而且这些地区的债务率均超过100%的警戒线。此外，债务率在300%～350%的地区有内蒙古、甘肃、新疆等，海南、福建、广西、湖北、宁夏的债务率在250%～300%。其余地区的债务率在250%以下，债务风险相对较低。其中广东政府的债务率最低。换言之，剩余地区政府部门加杠杆的空间相对较大（如图3-6所示）。

2020年年末地方政府负债率最高的地区为青海，其政府负债率接近70%，超过了《马斯特里赫特条约》规定的负债率60%的参考标准。广东政府的负债率最低（如图3-7所示）。

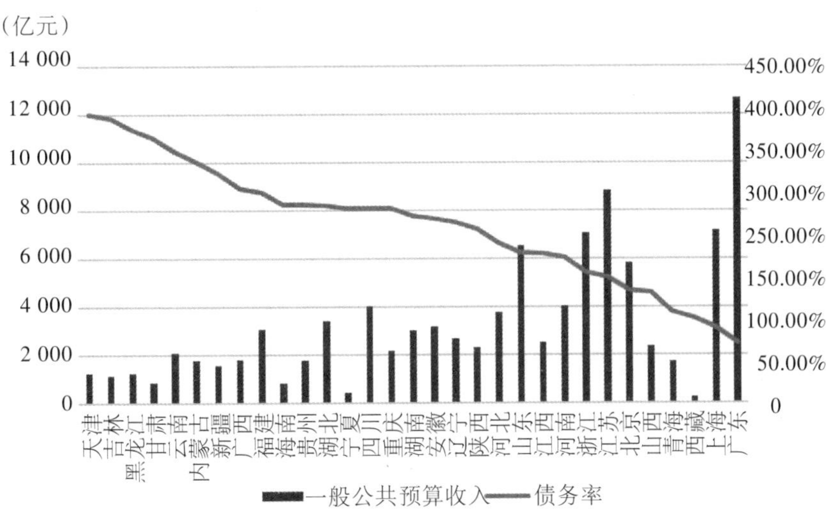

图 3-6　2020 年各地区债务率

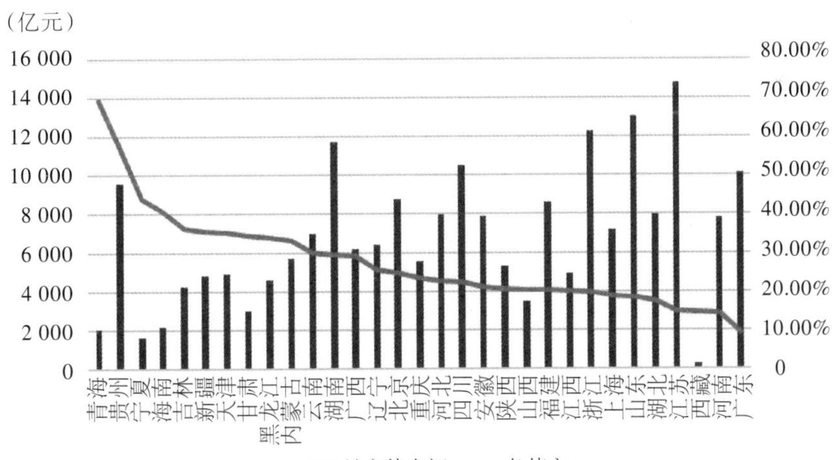

图 3-7　2020 年各地区负债率

通过比较各地区债务率与地区生产总值之间的关系发现，欠发达地区负债率相对严重，集中在中西部地区。如图 3-8 所示，大多数西部地区的隐性债务率高于全国平均水平，而人均地区生产总值低于全国平均水平，即各地区债务率与各地区人均地区生产总值存在明显的负相关关系。

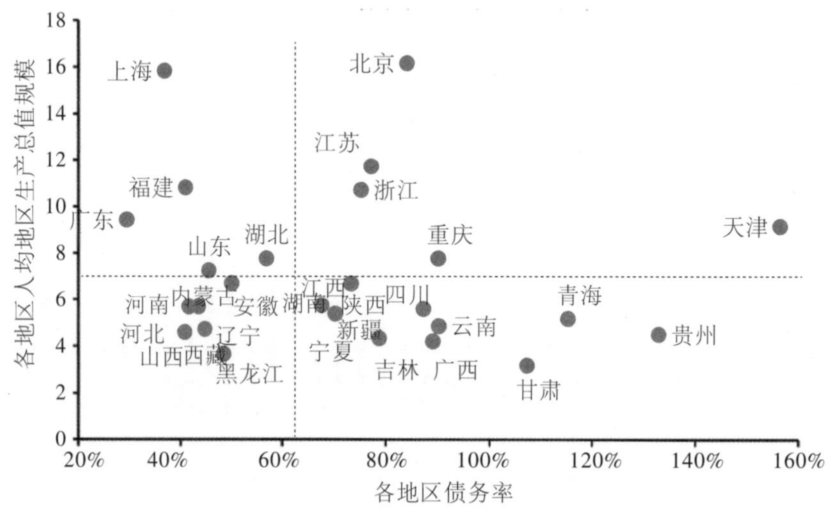

图3-8 2020年各地区债务率与各地区人均地区生产总值关系图

3.3.2 城投债现状分析

从整体情况来看，2013年之后，中国整体的债务压力问题开始凸显。而其中，政府通过发行城投债所获得的融资也扮演了重要的角色。那么，地方政府发行的城投债具有可持续性吗？这里将着重对地方政府的城投债进行分析。

2012年以来城投债发行规模不断扩大，2017年净融资下降。从地方政府的城投债发行来看，2009年之前，地方政府发行的城投债规模十分小。但是2009年之后，地方政府发行的城投债规模开始迅速提高，不过每年的发行规模基本都在5 000亿元以下。2012年之后，地方政府的城投债发行进入了高速增长时期。2012年和2013年的城投债发行量均接近10 000亿元的水平，而2014年和2015年的发行量更是接近了20 000亿元的规模，2016年的发行量达到了近25 000亿元。城投债发行规模的扩大也加大了债务偿还的压力。因此，2009年以来，到期偿还的城投债规模也在不断扩大。但是整体而言，城投债的发行规模要远大于偿还规模，这使得2012—2016年期间，地方政府通过发行城投债获得的净融资额较多。

然而值得注意的是，在2017年（数据截止到2017年10月31号），地方政府城投债的发行量开始大幅下降。但是，2017年城投债的到期偿还量依然在增长，这就造成2017年城投债的净融资额出现断崖式的下降。2017年城投债的发行量之所以下降，是因为受财政部〔2017〕87号文等相关文件的影响。由于中央政府加强了对地方债务的管理，地方政府通过发行城投债获得的融资受到限制。因此，在2017年，城投债的发行规模出现了大幅下降。未来地方政府通过城投债所获得的融资能力令人担忧。在2016年以后，虽然城投债的规模在2017年有所下降，但在2018—2020年其规模一直呈上升趋势（如图3-9所示）。

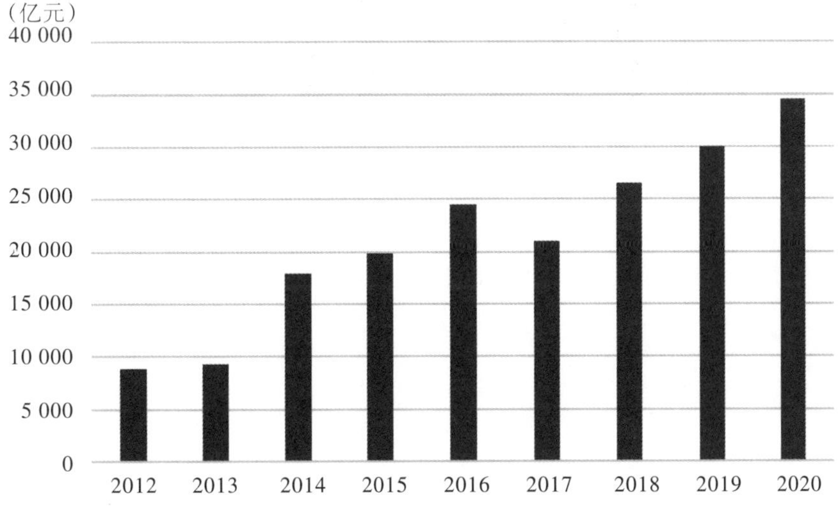

图3-9　地方政府城投债存量规模

注：总发行量是地方政府在每个月所发行的城投债额度，总偿还量是指地方政府每个月偿还的到期城投债额度。净融资额是指“总发行量-总偿还量”，本月度通过发行城投债所获得的净融资。

在现存地方债中，东部地区规模最大，西部次之；截至2020年，包括地方政府债务和城投平台带息债务在内的地方债务，东部地区超过28万亿元、西部地区超过17万亿元，其中，江苏、浙江、山东等东部地区，以及四川、贵州等西部地区的城投平台带息债务规模居前。

2017—2022年城投债偿债压力较大。随着地方政府城投债发行受到限制，地方政府通过发行城投债所获得的融资受限。但更重要的是，

2012年以来，由于地方政府城投债发行规模逐步加大，城投债到期偿债的压力也在不断增加。这里利用前期地方政府发行城投债的数据，得到了2017年之前所发行的城投债在未来的偿还额度。如果地方政府不发行新的城投债，那么其未来的债务偿还量如图3-10所示。

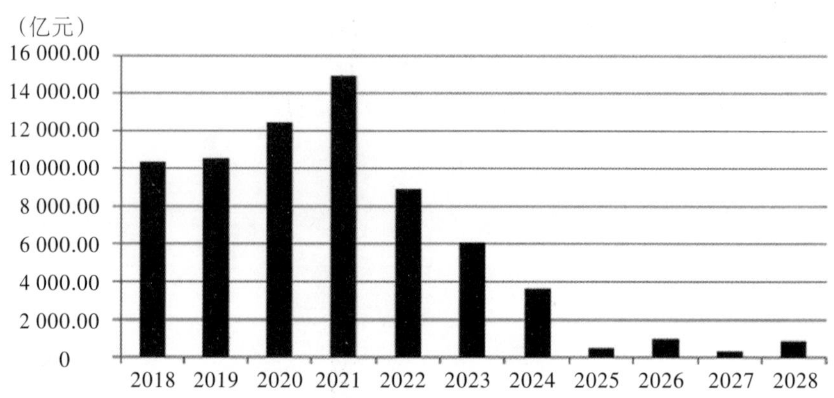

图3-10　地方政府城投债未来偿还量

如果2017年之后地方不发行新的城投债，那么就前期城投债的发行情况来看，2018—2021年期间，地方政府每年将面临10 000亿元以上的偿债压力，而且城投债的偿还将在2021年达到高峰——近15 000亿元。就地方政府2017年城投债的发行情况来看，如果地方政府在2018—2021年期间，其城投债的发行量依然维持在2017年的水平，那么地方政府将很难再通过发行城投债来获得融资。

东部地区的城投债偿债压力较大。尽管城投债是各个地方政府获得融资的重要渠道，但各个地方政府通过城投债获得融资的程度是存在差异的。

城投债发行在各个地区存在结构性差异，通过调查研究可以基本得出以下结论：

第一，目前，城投债债务余额最多的省份是江苏省，城投债的债务余额超过12 000亿元。湖南、浙江、北京、天津和重庆的城投债债务余额也都处于4 000亿元左右的规模。

第二，中国东南地区的城投债债务余额要高于东北地区、西北地区、西南地区的债务余额。

第三，从整体来看，就中国城投债的区域结构而言，经济较发达地区的城投债债务余额较大，经济欠发达地区的城投债债务余额较小。由于东南地区的经济基本面较好，经济发展速度较快，尽管面临较大的债务偿还压力，东南地区也不会发生较大的债务风险。

第四，湖南、四川的债务余额较高，应当警惕可能出现的局部风险。

3.4 中国地方政府债务形成原因分析

3.4.1 我国的地方政府债务管控内嵌于经济周期

随着经济的发展，我国地方政府债务的管控也呈现周期性的困境。经济周期与地方政府债务管控周期相互对应，互为因果。当经济出现下行时，为了缓解经济压力，往往会集中出台一些稳增长的政策，在此期间就会出现对地方政府债务的管控放松的情况，地方政府债务规模将迅速扩大，从而促进经济增长。在经济环境好转平稳后，将加大对地方政府债务的控制力度，防范地方政府债务扩张乱象，加强对地方政府债务风险的防范。地方政府债务扩张往往伴随着基础设施建设增长和经济增长，而加强地方政府债务管控则伴随着基础设施建设投资下降和经济下行压力。因此，我国地方政府债务的管控很容易陷入“一放就乱、一乱就收、一收就死、一死就放”的恶性循环。

3.4.2 财政分权制度是地方政府债务形成的制度背景

（1）在财政分权制度下，地方政府所掌握的资源种类以及规模是其干预和调控当地经济增长的重要因素

对于地方政府而言，有动力主动扩大其辖区内可利用的资源来促进本地经济发展。当地方财力不足时，地方政府会促使形成地方政府债务；同时，地方政府也需要利用融资杠杆进行投资。地方政府的支出由地方政府的事权决定，地方政府的收入又决定了地方政府的财力。地方政府的事权和财权的结构是地方政府债务形成的根本原因。从事权和财

权的角度来看地方政府债务，就是地方的事权主要由地方政府承担，这就意味着地方政府需要更雄厚的财力来支持其承担的事权，如果财力不够，就需要通过债务融资。事权与财力不匹配，导致地方政府承担过重的支出责任，需要通过负债来弥补；同时在地方政府承担的事权中，如果资本性支出占比较高，也容易形成较高的地方政府债务水平。

同时，在财政分权制度下，地方政府对于其辖区资源的调控也会引致金融隐性分权现象。此外，地方政府积极成立、控股或者参股地方城市商业银行的行为，在提高地方政府融资能力的同时也进一步加强了地方政府的财政分权。

（2）在财政分权制度下，地方政府需要承担大量具有全局性的事权

社会保障和高等教育等全局事务是地方政府的责任。在当前人口大规模流动的情况下，地方政府承担社会保障的总体支出责任，不利于激发社会保障参与和劳动力流动，阻碍资源的有效配置。同时，像高等教育这样具有全局性的事权也同样不适合由地方政府来承担。这种由地方政府全面负责的做法，不但会增加地方政府的支出责任和债务负担，还会降低支出效率，不利于经济增长和资源的有效配置。

（3）在财政分权制度下，省级财政以下地方政府财权事权不匹配更加明显

我国是五级的政府框架，财政也同样是五级，而对于省级以下政府间的财权事权没有相应的法律法规来指导，省级以下的事权主要集中在区县一级，而财权则主要集中在省市一级，作为区县一级的地方政府往往面临财政资金紧张的困境，对于那些财力薄弱的地区，这种困境就更加明显。当下级政府的事权由上一级政府来决定时，这在一定程度上加大了下一级政府承担公共事务的随意性。当上级政府出台一项政策或者措施时，下级政府只能被动地接受给以财力上的配套跟进，随着下级政府承担事权的增多，这种财政支出转化为财政压力。为了承担事权，下级政府要么向上级政府争取财政支持，要么通过债务形式来缓解财政压力，在财力越薄弱的地区，地方政府的债务压力越大。

3.4.3 我国政府与市场、政府与企业边界不清使地方政府债务管控陷入困境

（1）我国政府与市场边界不清，大量的城投平台使政府隐性债务风险大增。

地方政府通过其自身的高度行政权力可以从地方金融机构获得无条件借款，保障了地方政府绝对的融资能力以及举新债还旧债的偿还能力，从而实现财政收支平衡。虽然在金融市场上地方政府可能遇见融资困难，但中央政府对地方政府的最终担保，导致地方政府债务规模没有刚性约束或监管缺失，加剧了地方政府债务的扩张，增加了地方政府债务风险。

地方政府深入参与地方经济建设，形成城市投资平台等非市场化主体。城市投资平台需要在享有政府权力的同时提供隐性担保，因此政府隐性债务大幅度增加。在我国地方政府支出中资本性支出占较高的比例，为了满足投资建设需求，地方政府通过城投平台、PPP等各种机构进行融资。这些城投平台帮助地方政府完成了提供公共产品的建设，承担了部分公共责任。同时，地方政府也为城投平台提供了隐形保障，保障城投平台的运行。2019年城投公司平均ROA仅为0.73%。2020年，ROA继续下滑。城投公司的收益率根本无法覆盖融资成本，只能依靠政府隐性担保来维持公司的运营。随着城投规模的不断攀升，扭曲了资源价格，大大增加了地方政府的隐性债务负担。

（2）政府与企业边界不清，促使地方国有企业债务扩张。

在财政分权制度下，地方国企是地方政府的重要资源，是其进行资源配置的重要载体。我国的地方政府债务管控内嵌于经济周期这一特征也体现在地方政府对于地方国有企业的融资干预方面。在我国，国有企业具有着稳定国民经济的重要属性，纵观我国国有企业的发展，每次金融危机都会增加国有企业的数量。2008年金融危机后，我国国有企业在实现我国经济政策的目标中，稳定经济发展的功能引起了国际上的注意（Boubakri etal.，2018；Beuselinck et al.，2017）。郭婧、马光荣（2019）等国内的学者也对国有企业对于宏观经济的稳定作用展开了研

究。为了促进地方经济发展，地方国有企业作为地方政府稳定经济发展的重要资源载体有动力和动机成为地方政府的工具进行融资，促使地方国有企业债务扩张，引致地方政府隐性债务规模增大。因此，地方政府隐性债务规模扩张既是地方政府干预市场经济的手段，同时，也是地方政府与市场、与企业边界不清，干预市场行为的结果。

政府与国有企业之间的关系以及国有企业所具有的稳定宏观经济的重要属性都促使国有企业具有刚兑预期，即地方政府会主动通过多种手段和方式来保障地方国有企业的资金周转，防止出现地方国有企业违约的现象。地方国有企业获得的地方政府的救助加强了地方国有企业的刚兑预期，进一步强化了地方国有企业进行债务扩张的动机（林毅夫等，2003）。同时，这种刚兑预期也促使形成地方金融机构对于地方国有企业的救助预期，地方金融机构有给予地方国有企业贷款的偏好，而这种刚兑预期带来的融资优势又反过来促进国有企业形成贷款偏好，也进一步加强了地方国有企业的债务扩张。

4　国外地方政府债务管理经验分析

4.1　发达国家地方政府债务管理

发达国家具有相对成熟和完善的地方政府债务管理机制，我们将以美国、日本、英国、法国和加拿大为例，介绍这几个国家地方政府债务的管理情况。

4.1.1　美国地方政府债务管理

美国地方政府债务管理体系中正式和非正式制度约束的联系是以制度约束为基础，市场约束为辅的双重制度。美国有以严格预算约束为中心的财政纪律，除此之外美国的相关法律法规也已经明确地规定，地方政府债券的发行人只能是国家级以下的公共部门或地方政府。其中，这些公共部门主要包括许多从地方政府中分离出来的开发机构以及公共事业单位。美国地方政府的市政债券包括一般责任债券和收益债券。一般责任债券由地方税收支持，收益债券通过特定项目收益偿还债务。

尽管美国地方政府发行市政债券是由同级政府决定的，但地方政府在借贷过程中面临诸多困难：

第一，对地方政府预算进行硬化约束。在美国，州及联邦政府预算实施的是分级管理，州政府在预算的编制、审批以及执行等方面比联邦政府更为谨慎，要求经常性的预算要做到收支平衡，只有资本预算才能用于举债，而且在发行地方政府债券之前，一般需要纳税人投票批准。基本预算的编制面临着严格的询问和听证过程。

第二，地方政府债务限额管理是美国整个市政债务管理的源头，是市政债务得以有效运行的保障和前提。对于地方政府的一般责任，有规模确定、法定授权和使用限制。要求债务率（年末地方政府债务余额与当年政府综合财力的比率）在90%~120%之间；负债率（年末地方政府债务余额/当年地区生产总值）在13%~16%之间；限制国家级法定债务在房产税基数的2%~ 20%之间，市级要求在1.75%~ 20%之间，区级要求在2%~ 50%之间。

第三，健全地方政府债务融资机制。适度的社会参与机制，包括信息公开机制以及辖区内有限的公民参与机制，信息披露可以最大程度地保障公民在市政债务管理中的参与率，同时也保障其运行过程透明有序。信用评级包括债券信用评级和政府信用评级。美国市政债券评级公司主要包括穆迪、标准普尔和惠誉。在政府信用评级中，主要考虑的是市政债务的实际数额和本息的偿还情况。在债券保险体系中，市政债券保险可以有效降低债券风险，同时提高保险公司的风险承担能力。

第四，提供地方政府发债预警机制。联邦政府根据负债率控制地方政府债券的发行。当负债率超过规定的120%上限时，联邦政府将警告地方政府谨慎发行债券，提醒地方政府防范地方政府债务风险。

4.1.2 日本地方政府债务管理

日本通过一系列改革向地方分权，给予地方政府举债权限，同时加强内部监督与外部约束，较好地控制了地方政府债务规模。从2003年开始至今，日本的地方政府债务余额基本维持在200万亿日元左右，2018年为193.6万亿日元，与日本国债相比，其地方政府债务水平总体可控。

日本地方政府债务管理从以行政管控向以制度约束为主转变。为了开展大规模基建投资，日本在经济发展初期就建立了带有明显的中央集权特征的地方财政体制，同时对地方政府举债进行了严格的限制。2006年以前，地方政府原则上不能举债。如果它们想借钱，则必须受到中央政府的严格限制。法律还规定了中央政府对地方政府举债、举债数额和用途的直接控制权。随着2006年分权改革的开展，地方政府债务的借贷权较之前有所提高。地方政府需要与中央政府协商借钱，对债务的管理由“审核制”转变为“协商制”。地方政府举债如果上报给总务省可以获得两项优惠政策：分别是可以优惠借款获得低息的公共资金和上级政府在转移支付中可以考虑偿债这一因素。由于以上两项优惠政策激励地方政府举债上报，因此这一举措增强了中央政府对地方政府举债的约束，地方政府在获得自主举债权力的同时也强化了地方政府举债的责任。

通过“地方财政计划”严格管控地方政府债务规模。日本每年年初制订 “地方财政计划”，公布地方债务的项目分类配额和资金分配结构。在“协商制”下，中央政府必须考虑审批政策，同时还要按照“地方债务计划”审批地方政府债务，限制或禁止不及时偿还债券等不合理的地方政府债务。委托人或地方政府提供虚假信息获得发行债券许可的，将禁止其发行地方政府债券。同时中央政府对地方政府债务的依存度、地方自治体税收征收比以及地方政府的财政赤字等都进行了严格的限制。

明确举债资金只能用于资本性支出等特定用途。日本的《地方财政法》对地方政府债的资金用途进行了严格的限制，只能用于交通、燃气、医院等公共事业融资，有收费能力项目的融资，地方政府债务置换资金，作为投资、贷款的融资，以及灾害应急、灾后恢复等紧急事件融资。

日本具有严格的风险控制机制。日本的地方债一般由中央和银行直接认购，除东京都债外大部分不在交易市场上流通，只能场外交易，日本证券市场监管机构对地方债的流通进行严格监管，包括对交易机构的日常监管，同时其交易行为也受到社会公众监督。同时，日本建立了偿债准备金制度，利用地方税来确保地方政府能够按时偿还债务。日本还建立了统一的债务管理信息系统和预警机制与金融重组机制。2007年出台的《地方公共团体财政健全化法》扩大了地方政府债务检测的范围。对实际赤字率、总体实际赤字率、实际公债率、未来负担率、资金不足率等指标有明确规定。由于其具体细致的指标规范和严格的融资渠道控制，大大降低了地方政府的债务风险。

4.1.3 英国地方政府债务管理

英国的地方政府行政体系比较特殊，其地方政府包括英格兰、苏格兰、威尔士和北爱尔兰及其县、区，其中英格兰由中央政府直接管理且权责比较明确清晰，其他三个地区则是地区自治，因此，这里仅讨论苏格兰地方政府的债务管理模式。

英国的地方政府管理模式由行政控制模式向制度约束模式转变。英国早在17世纪就开始发行债券，其发债目标是在长期以最小化的成本来实现财政融资，其债务管理以及控制风险的经验已经比较成熟。英国政府的中央集权程度相较于欧洲其他国家来说是比较高的，在英国，其地方政府所行使的权力全部是由英国中央政府赋予的。英国地方政府举债必须获得中央政府的批准，否则地方政府将没有举债的权限，且地方政府的举债资金只可用于资本性支出，是不允许被用于地方政府的经常性支出的。同时，为了保障地方政府举债合理适度、保持其偿债能力并控制违约风险，英国建立了地方政府贷款审慎性制度框架、债务管理问责机制、地方政府预算硬约束、连带担保制度等一系列制度来对地方政府债务进行规范管理。

严格执行地方政府偿债风险储备要求。英国制定了严格的政府偿债保障制度，1992年的《地方政府财政法》要求地方政府必须预留一定收入以保持适当水平的储备金用于偿债支出，规定的偿债准备金要保持在债务本金4%的水平。

严格限制地方政府债务规模。要求地方政府债务规模控制在资金需求和财政支持范围内，以保障债务安全。地方政府债务规模应从收入结构上考虑，规定地方政府无权以其全部资产抵押债务。地方政府贷款审慎制度框架规定，地方政府债务余额应低于地区生产总值的40%，并限制地方政府债务融资规模上限。长期以来，英国地方政府债务占地区生产总值的比重一直控制在《马斯特里赫特条约》建议的60%以下。但是2008年的全球金融危机使得英国公共财政状况急剧恶化，近年来，英国地方政府债务余额占地区生产总值的比重超过了60%的警戒线，连续站在80%的超警戒线上。2019年英国地方政府债务规模已达到1 821.9亿英镑，占地区生产总值的84%。

4.1.4 法国地方政府债务管理

法国地方政府债务管理模式是行政控制模式。法国是一个中央集权的统一国家。法国的政治结构是中央、区域、省和直辖市四级政府管理系统。在地方政府债务问题上，法国允许地方政府开展举债工作。其中，向银行借款是法国地方政府借款的主要形式，但银行在发行债券前必须获得中央政府的许可。在外国借贷工作方面，政府的资产通常被用在法国地方政府进行外国借贷活动的担保和抵押方面。

筹集的资金只能用于地方建设。从地方政府贷款的用途和来源来看，法国各级地方政府无论采取何种形式，即发行债券或向银行借款，筹集的资金都只能用于当地建设。除了公共工程和投资，地方政府筹集的资金不得用于弥补政府经常预算的缺口。对于地方政府的外债或地方债券的发行，法国政府允许其自行偿还债务。同时，法国政府还规定，其中央政府无须为其偿债能力承担责任。其中，法国各级地方政府的偿债资金来源主要包括地方税收和发行新的地方政府债券，即从中央政府向地方政府借入新债、偿还旧债、各种转移支付以及偿还储备金。

建立偿债准备金制度。为防范债务风险危机，法国各级地方政府建立了偿债准备金制度，主要是为了防止地方政府在无法按时完成债务偿还时，动用偿债准备金提前偿还，从而降低债务风险对地方政府正常运行的影响。同时，债务偿付准备金的设立对法国各级地方政府债务扩张具有一定的抑制作用。

公共管理预算必须涵盖所有的地方政府债务。法国中央政府对地方政府债务和财政状况的控制非常严格。法国中央政府规定，公共管理预算必须涵盖所有地方政府债务，包括法国地方政府债务的产生、偿还和变化。所有这些都必须遵循预算程序和相应准则。

4.1.5 加拿大地方政府债务管理

加拿大实行市场约束性管理模式。在加拿大，省政府在借贷方面不受宪法或联邦政府的限制。市场直接决定是否借款和借款金额。地方政府有举债的权力，但地方政府必须遵守市场秩序，规范自身的借贷行为。加拿大鼓励地方政府积极引入市场力量进行融资，设立加拿大基础设施银行，引入私人资本，让私人资本可以对风险高且收益低的项目给予融资支持，这不仅可以提高基础设施等大型项目的建设水平，还可以在很大程度上减轻地方政府的举债压力。

硬化财政约束，中央对地方政府的举债危机不实行救助。地方政府要根据省政府的要求进行经常性预算平衡，涉及长期借款的资本性支出必须获得省政府批准，对地方政府债务资金的使用与投向进行限定，资本支出和经常性支出可以由省级政府的债务来负责，但是市政府发行的债务只能用于资本支出。如果地方政府有债务危机，需要由地方政府自行承担偿还债务的责任，中央不会施予财政上的救助，省政府同样也不会对地方政府的债务危机进行救助。

具有完善的债务风险预警机制。每个省都有特定的部门负责债务风险的预警工作，可在事前防范债务风险的发生与扩大。例如，不列颠哥伦比亚省，其财政厅国库与资产登记局设有“债务管理处”，专门管理地方政府债务，主要是在风险合理的范围内将全省债务的成本控制在尽可能低的水平，提供地方政府债务管理和咨询服务。审核并批准年度预算后，债务管理处要在债务限额内对地方政府的风险参数约束进行监控预警，甚至还要接受外部和内部的监督。

积极推进债券市场的正常运行，提高应对债务风险的能力。加拿大致力于提供透明度高、规范性强的国家债券，在竞卖国库券之前，政府会提前公开国库券的拍卖计划以及详细的招标细节。加拿大国内的投资者多种多样，包括保险公司、金融机构、加拿大银行等。

4.2 新兴市场国家地方政府债务管理

近年，新兴市场国家的经济增长令人瞩目，随着市场经济的发展以及财政联邦改革的不断推进，新兴市场国家赋予了地方政府一定的财权以及自行举债的权力，地方政府对于债务融资的依赖程度也不断增强。在新兴市场国家中，俄罗斯、巴西、南非的地方政府债务的管理过程以及沉淀的经验对于中国具有很好的借鉴意义。

4.2.1 俄罗斯地方政府债务管理

2008年全球金融危机后俄罗斯的地方政府债务迅速增长。俄罗斯是联邦制国家，实行的是中央、联邦、城市三级政府架构。2004年，俄罗斯地方政府债务存量为0.3万亿卢布，2008年全球金融危机期间地方政府债务存量达到0.6万亿卢布，较2004年翻了一番，三年后的2011年增长到1.2万亿卢布，较2008年又翻了一番，截止到2016年俄罗斯地方政府债务存量达到了2.4万亿卢布。从2004年开始，俄罗斯的地方政府债务规模基本保持在每年20%的增长率。就俄罗斯各地区而言，在其全国范围内有14个联邦主体的地方政府债务规模与其地方财政收入水平持平。

俄罗斯是典型的经济转轨国家，其财政管理体制经历了从高度集权向财政联邦主义的演变。1998年俄罗斯对其联邦财政框架进行了改革，实施了联邦财政计划，目标是建立各级政府之间清晰严格的财政权责分配体系。自普京执政之后，俄罗斯中央政府债务水平持续下降，但地方政府债务规模开始持续膨胀。究其原因，俄罗斯实施的国家经济安全战略促使中央层面的债务水平持续降低，而新建立的中央与地方之间的政治契约关系导致地方政府债务规模持续膨胀。在俄乌冲突爆发之后，再加上欧美等国对俄罗斯的制裁，会影响俄罗斯获得外币偿还债务的能力，使俄罗斯主权债务违约概率大幅提高。同时，俄罗斯地方政府面临着沉重的债务负担，俄乌冲突也使地方政府债务危机日渐增大。

俄罗斯地方政府债务持续膨胀是中央与地方之间建立的全新的政治

契约的反应。俄罗斯在叶利钦时期进行了新自由主义经济转型改革，实施了较为松散的财政联邦制度，叶利钦为了争取到地方政府的支持不断向地方政府让利，给予地方政府更大程度的财政分权，导致中央的权威以及财政收入被极大削弱。普京上台后为了彻底走出叶利钦时期的经济社会转轨混乱，建立强有力的中央政权，进行了一系列垂直权力体系的改革。例如，在财政方面进行了税制改革和预算的中央集中化，重新界定中央和地方的财政关系，将税收来源中最大的增值税收归到中央，中央政府加强对地方政府的财政控制，大大削弱了地方政府的议价能力。受此影响，地方财政收入大幅下降，甚至出现财政赤字，转移支付和借贷需求持续上升。因此，中央政府债务得到改善，而地方政府债务继续扩大。

俄罗斯地方政府债务管理模式属于市场约束型，地方政府债务融资的主要途径包括商业银行贷款、联邦预算贷款和证券融资。2008年全球金融危机之前，商业银行贷款融资比例基本保持在25%的水平上，联邦预算贷款占比较之前的15.8%下降了9.6%，2007年年末联邦预算贷款占比仅为6.2%，证券融资比例则一直保持在35%～45%。全球金融危机以后，三种主要融资方式的规模发生了较为明显的变化，其中商业银行贷款融资比例不断攀升，到2014年达到了42.5%。2017年，联邦预算贷款比例达到了50.5%。而证券融资比例在全球金融危机后持续下降，到2016年达到了16.9%，尽管2017年开始有所回升，但是也远低于全球金融危机之前的水平。

制定法律法规规范地方政府债务管理。1997年，俄罗斯颁布了《俄罗斯联邦地方政府财政基础法》，对地方政府举债进行限制。法律规定地方政府不能从地方银行自主筹集资金。同时，还规定了地方政府借款的上限，不超过预算收入和支出的15%。1998年制定了《俄罗斯联邦预算法典》，对地方政府债务规模、财政赤字上限以及对债务规模控制的一系列指标都给出了明确的规定。

加强对地方政府债务管理的透明度。俄罗斯要求必须加大对现有债务的披露程度，同时要求对于新增债务的预算和借款有详细的备案信息。地方政府担保形成的或有债务也应纳入地方政府债务管理，设置最高限额，控制地方政府每年新增的担保金额。在地方政府债务的日常监管中，要求上级政府认真审核下级政府的财政报告，详细记录债务信息，这些信息由财政部负责审核，对于不遵守预算法规定的地方政府给予强制停止举债的惩罚。

4.2.2 巴西地方政府债务管理

巴西是联邦制国家，其财政体制分三级。从中央与地方政府间的财政关系来看，巴西在1988年之前是中央集权的财政管理体制。1988年《巴西宪法》颁布之后，加大了对地方政府的分权，地方政府收入不断增高，地方政府的税收占全国税收的比重逐步加大，到1995年地方政府的税收占全国税收的38%。

中央过度放权引发巴西州政府三次债务危机。1988年《巴西宪法》颁布之后，地方政府随着其财政自主权的不断增强，债务融资行为也愈加频繁，引发了地方政府三次债务危机。第一次债务危机发生在20世纪80年代末，第二次石油危机导致外债违约，巴西国内通货膨胀率居高不下，货币政策收紧，利率增长，叠加货币贬值，加剧了地方政府的偿债压力，最后联邦政府接管了地方政府的外债。第二次债务危机发生在20世纪90年代初期，随着巴西经济下滑，地方政府财政收入减少，刚性的支出使各州无力偿还联邦政府的债务，偿债危机再次引发，最终中央政府再次接管了一些州政府欠联邦政府的债务。第三次债务危机发生在20世纪90年代中后期。1994年巴西发生了恶性通货膨胀，巴西的“黑奥计划”大幅提高了地方政府债券的实际利率。1997年的亚洲金融危机使巴西的外债压力不断上升，导致州政府拖欠联邦政府债务。巴西联邦政府再次采取措施弥补地方政府债务违约，以央行债券替代地方债券。

后债务危机时代巴西构建制度约束性地方政府管理体制。巴西经历了三次债务危机。为规范地方政府融资，化解地方政府预算软约束，巴西积极出台相关法律，逐步建立较为完善的地方政府债务管理体系，以整合财政、强化财政约束、量化控制地方政府债务。1998年，巴西引入财政整顿计划以改善巴西的财政赤字。2000年，巴西出台《财政责任法》，规范地方政府举债，以制度形式规范地方政府融资来源和资金用途，控制地方政府债务规模。其主要是通过限制金融机构对地方政府的贷款来控制资金来源，并以量化指标来限制地方政府贷款。

4.2.3 南非地方政府债务管理

南非地方政府债务实行规则控制管理模式。南非是一个体制单一的国家，该国家的行政管理和财政是分权管辖的。在国民支出中，社会福利是由中央政府以及省级政府来负责的，而公民支出中的基础设施则是由市级政府来管辖的。南非采取的一些地方政府债务管理的政策措施，提高了财政收支的透明度，增强了政策的问责性，有效地缓解了地方政府超支严重的问题。

严格规范地方政府的举债行为。南非对地方政府举借短期债务和长期债务都进行严格限制，必须保障地方政府偿还债务的能力。为避免汇率变化造成的影响，地方政府债务一律要以本币为计量单位。地方政府债务的借贷只能在地方政府议会批准和地方政府财务主管批准后才能运行。地方政府的短期债务协议必须规定借款限额，不允许地方政府推迟偿还债款的期限，也不允许在同一财政年度内再次融资，债款必须在该财政年度内偿还。地方政府也可以借用长期债务投资于非营利性的项目，或在本财政年度内替代资本项目的短期融资，但长期债务必须包括在资本预算中。按时披露长期债务，包括债务总额、用处和其他相关信息，同时邀请财政部、地方有关部门和公众提出看法和相关的建议。

实行中期债务战略。实行中期债务战略要分两阶段进行。第一阶段为1997—2001年，这一阶段是中期财政框架阶段，政府主要负责制定并解释宏观经济政策以及财政中期目标，对中期财政收支进行预测。第二阶段是从2002年至今，这一阶段为中期绩效框架阶段，主要是编制用以限制政府收支行为，规定中期可以支出的最大值的中期财政计划。同时，第二阶段还制定了多元化的绩效评价指标，突出绩效评价结果的重要性，依据评价结果安排下一阶段中期财政规划支出。

实施预算管理，稳定债务规模。为了对债务项目进行分类并根据风险程度进行预算管理，必须平衡政府年度预算收支（包括债务收支），地方政府须公开其长期业务项目的实际和潜在负债。南非出台的《市政财政管理法》中介绍到，认定市政府是否出现债务危机的依据是看其能不能在债务到期日前偿还债务。如果市政府确实发生了债务危机，则省政府必须强行干预市政府的财务管理，市政府必须制订财务回收计划。在危机发生以后，法院接受市级政府及其独立投资的企业要求暂停或者终止偿还债务的要求。

严格惩处债务管理违法违规行为，提高债务相关信息的透明度。《市政财政管理法》要求，因疏忽浪费债务资金，或者提供错误的债务信息，将受到行政处分；构成犯罪的，依法追究刑事责任。对于造成债务资金严重损失的决策错误，或腐败行为，根据情况的严重程度，犯罪者将被处以五年以下的罚款或监禁。其他公职人员故意或者过失违反债务管理有关规定的，应当承担相应的赔偿责任。对于那些有可能对决策结果造成影响的信息，要求全部对公众公开，而且要求保证这些信息准确无误。预算的年度汇报表、所有和预算有关的材料、提供服务所签订的协议等都应该包含在这些信息之中。此外南非还推出了政府债券电子交易平台，极大地激活了本币政府债券市场。

4.3 国际地方债务管理经验教训

4.3.1 地方政府债务管理要以制度约束为首

建立一套覆盖财权事权划分、举债途径、债务规模、资金用途、偿债资金、信息披露等方面的全方位行之有效的制度，是保证地方债务融资健康可持续发展的关键。发达国家的地方政府债务管理经验已有数百年的历史，形成了较为成熟的地方政府债务管理体系和完善的市场监管体系。在发达国家，中央政府高度集中财权和事权。对于地方政府是“小政府”的国家，地方政府债务水平往往较低，不需要承担过度支出的责任。对于财政分权体制完善的国家，由于有完备的地方政府债务管理体系、完善的预算管理体系和市场监管体系作为保障，可以更加有效地实现对地方政府债务的管理以及债务风险的防范。

相比主要发达国家，新兴市场国家的地方政府债券管理制度不够健全，缺乏专门的监管机构和法律法规，对地方政府债券发行与管理缺乏经验，管理有的过于宽松有的过于严谨，不能平衡好中央与地方之间的财权与事权，金融市场也不够发达，监管制度不完善，这些都加大了地方政府发生债务危机的风险。但是，从新兴市场国家地方政府债务的管理经验来看，虽然在管理过程中出现了各种问题，甚至出现了较为严重的债务危机，但是其不断沉淀的经验对同样属于转型经济期的中国具有较高的借鉴意义。在债务危机的倒逼下，新兴市场国家对政府的债务管理进行了改革，不断地在债务管理的过程中进行调整和优化，虽然这些国家采取的方式不尽相同，但都会加强中央行政调控力度，在财政上对地方政府预算进行硬约束，限制地方政府债务规模，禁止过度举债，不断完善地方政府债务管理和危机防控体系。

4.3.2 地方政府债务管理要与市场监督相结合

从国际经验来看，虽然各国中央政府和地方政府的财政关系有所不同，但都对地方政府债务进行了制度上的约束。同时，要充分运用市场手段监控地方政府债务，依靠信用评级机构、金融中介以及社会机构的力量，对地方政府信用进行客观评级，减少、分散地方债务风险。制度约束和市场监督两种手段往往能够起到相互促进的作用。

首先要将化解地方债务风险和宏观经济调控相结合。从根本上说，宏观经济的发展情况决定了地方政府债务的可持续性。同时，在短期内，宏观经济的发展情况也可对地方政府债务的预期产生较大影响，如巴西的三次债务危机、墨西哥的两次债务危机都是由宏观经济波动引起的。而在经济全球化时代，国际市场的风吹草动都可能诱发地方政府的债务风险。因此，要化解地方政府债务风险，必须处理好防风险和稳增长的关系，保持合理的经济增速和稳定的经济发展环境，防止宏观经济政策对地方债务风险产生较大影响。

其次要将应对地方债务危机的事前预警和事后处置相结合。建立适合本国国情的、科学的风险防范和预警机制是防范地方债务危机的有效手段。美国的俄亥俄州模式和日本的早期预警机制都有相关的量化指标，可为中国建立科学的预警机制提供借鉴。与此同时，也要注意债务危机的事后处理。美国的地方政府破产制度是对地方政府债务融资的保护，有一定参考价值。

5 中国地方政府债务与经济增长

5.1 引言

中国的分税制改革从1994年开始实施，自改革以来，中国经济实现了飞速发展，令世界瞩目。同时，分税制改革也带来了一些问题，在财政分权体制下，地方财政收入呈现不断下降的态势，减税降费、脱贫等政策却加重了地方政府的财政负担，地方财政支出大幅度增长，导致财政收支矛盾逐渐激化。关注2019年的财政收支情况，我们可以发现，无论是全国还是地方，财政支出都远远大于财政收入。在这种财政收大于支的情况下，地方政府如果想继续实现发展地方经济的目标，维持或扩大现有的财政支出规模，就需要借助发行地方政府债务这一途径。

据财政部统计，截至2018年年末，全国地方政府性债务余额达到18.39亿元，占地区生产总值的五分之一。由此可以得出，中国的地方政府债务规模十分庞大，其潜在的风险需引起中央和各地方政府足够的重视。在2014年以前，中国地方政府债务存在融资方式不够科学、债务管理不够规范等问题，变相举债的现象时常发生。

没有建立相应的预算硬约束机制，更是加速了地方政府债务的扩张。在地方财政收入不能偿付其支出时，地方政府就难以有效履行其应承担的支出责任，造成一些地方政府不得不变相举债，积累了大量的隐性债务。某些财力较弱的地区在不考虑偿还能力的情况下盲目举债，最后出现还不起债的局面，这就需要中央为地方政府偿还不起的债务承担“背书”责任。这种“溺爱式”的兜底行为只会任由地方政府肆意发债，只会使地方政府债务越来越膨胀，庞大的政府债务本息像“滚雪球”一样越滚越大，不仅提升了我国地方政府的债务风险，也不利于实现我国经济稳定的局面，严重影响我国经济的发展进程。

近年来，渐渐显现的地方政府债务风险引起社会各界的关心，督促相关政府部门快速出台相关规章制度监管地方政府债务。2015年实施的新《预算法》增强了地方政府债务管理的规范性，明确提出地方政府可以自主发行债券，但必须要在国务院限定的范围内，强调地方政府只能按此方式进行融资，这是唯一途径。控制债务规模，防范金融风险是我国亟须解决的问题之一，正确认识地方政府债务与经济发展的关系显得尤为重要。适度规模的地方政府债务在一定程度上会促进经济发展，但无序增长也必然会对我国经济可持续发展产生较大的威胁，只有对二者的关系进行清晰、正确定位，才会引导我国经济健康可持续发展，这是确保中国经济实现高质量增长的重要前提。

鉴于此，本章基于中国283个地级市的城投债数据和经济发展数据，利用固定效应模型的实证分析方法，考察地方政府债务水平和经济发展水平之间的关系，并从地区差异性的角度研究二者之间的关系，分析相关机制。在最后一部分，本章根据实证结果，提出一些政策建议。

本章的结构框架如下：第一部分为引言，简要介绍我国目前地方政府债务的规模和地方债务管理的现状，同时，概述本章的意义所在。第二部分为实证部分，简要说明数据的来源，以及这些数据的描述性统计情况，用实证分析方法验证地方政府债务和经济发展之间的关系，并对基准估计结果作了相关的稳健性检验，验证结果的可靠性。第三部分是异质性分析，将总样本分为东、中、西三个部分，从地区差异性角度考察地方政府债务和经济发展的关系。第四部分是机制分析，考察并验证地方政府债务是通过哪些途径对经济发展起到积极作用的。第五部分为结论和建议，对前面的实证分析和结果作简要的总结，虽然实证结果表明地方政府债务对经济发展有正向的影响，但我们仍需警惕地方政府债务规模的无序膨胀带来的风险。故本章从我国的实际出发，理论联系实际，提出几点建议。

5.2 研究背景与假说

近年来，中国地方政府债务规模越来越庞大，中国地方政府债务风险是否可控是学术界越来越关心的话题。中国地方政府债务逐渐扩大，社会各界开始担忧逐渐积累的地方政府债务的偿债压力及其带来的负面影响。2008年的全球金融危机，导致许多国家都出现经济低迷的局面。各国为振兴经济，纷纷调整财政政策和货币政策，推行刺激经济的政策，其中就包括扩大地方政府债务规模。在此期间，中国政府也出台了一些政策和措施，旨在刺激经济的发展，由此，地方融资平台如雨后春笋般在全国各地加速组建，城投债作为帮助地方政府融资的工具，其功能得到进一步强化。相关数据显示，在2009年这一年里，中国新增加的融资平台就达到2 000家之多，然而，从1992年至2008年，在中国通过各种形式成立的融资平台数量仅仅有6 000多家，由此可见中国融资平台的建立速度之迅猛。建立地方融资平台有一定的优点，可以为地方政府融资提供便利的渠道，有利于地方政府财政收入的增加，方便地方政府积极进行基础设施建设，带动就业岗位的增加，刺激居民消费，实现刺激经济增长的目的。中国这几年的发展状况也在证明，当时积极的财政政策的确有力地促进了中国率先在萎靡的大环境下实现经济复苏。

2017年，中国国内生产总值约有82.7亿元，和2016年相比，约增加6.9%。探其背后的原因，一方面是中央不断集中财力，增强了中央宏观调控的能力，另一方面是中国地方政府积极投资，提高了各地的基础设施建设水平。中央为稳定经济增长实行“四万亿”投资计划，向市场发出了长期发展的信号，中国各级地方政府也积极响应中央的号召，开始频繁举债与中央进行配合。这是中国目前地方政府债务规模庞大的重要原因，通过举债刺激经济的初衷的确是实现了，但持续积累的地方政府债务长期来看也许会对中国经济健康发展带来风险。

中国经济能够达到今天的高度和政府的努力是分不开的。2008年的金融危机，是全球性的，无论是发达经济体，还是新兴经济体，其需求市场都受到严重冲击，无一幸免。全球经济都呈现增速放缓的局面。

为了走出全球金融危机给中国经济造成的负面影响，中国政府采取了很多财政政策和货币政策，旨在稳定中国的经济，其中包括我们熟知的“四万亿”投资计划。按照审计署公布的数据，在2009年，中国地方政府性债务余额同比增长61个百分点。这种在短期内大规模积累的地方政府债务虽然有力地协调了各地区间的资源配置，促进各区域的基础设施建设的完善和就业的稳定，但也为中国日后经济的发展形成了一定负担。

中国经济已经向高质量发展阶段转变，建设社会主义现代化强国是政府和人民的希望。政府通过发行政府债券这一渠道，可以获得一部分财政收入，可以有效维持政府日常工作的有效运行，便于加强经济建设，发展地方经济。政府发行地方政府债务是调度社会资金的一种方式，如果可以高效、合理利用债务资金，那么它会对经济产生积极影响。我们可以按投资主体的不同，将投资分为两部分：一部分是公共投资，另一部分则为私人投资。有关数据表明，中国约86%的地方政府债务被用来投资到交通运输和市政建设等项目上。这些生产性的基础设施建设可以推动经济发展，在一定程度上起到稳定经济的作用。此外，地方政府债务还可通过私人投资促进经济的发展。如果地方政府将举借债务获得的资金用于基础设施建设，那么这种做法可以促进城市投资环境的改善，吸引私人投资者参与投资，这会对地方经济的发展起到很大的杠杆作用（范剑勇等，2014）。同时，地方政府的资金投向会发挥引导效应，地方政府债务资金的投向会引导私人投资的投资方向。举例来说，政府如果将资金投向环境治理，那么私人投资也会倾向于环保和旅游等行业，这样有利于调整重污染行业的产业结构。私人投资的投向会产生强大的正外部效应，带动就业岗位的增加，促进社会总需求的增长。私人投资会弥补公共产品的外部性和市场失灵，可以有效优化产业结构，促进其升级（胡奕明等，2016）。因此，地方政府债务可以促进地区经济的增长。在进行以上部分的理论分析之后，本章提出的假说如下：如果地方政府举借债务，这会对当地的经济发展产生积极影响。

5.3 数据说明和计量方法

基于上述理论基础，本章把城市层面的城投债数据和经济数据进行匹配之后，对本章的研究假说进行检验。

5.3.1 数据来源

本章用来衡量地方政府债务的城投债数据来自《城投债为何持续增长：基于新口径的实证分析》中公开的数据。本章使用的经济数据主要有以下几个方面：分别是地区生产总值、第二产业增加值占地区生产总值的比重、第三产业增加值占地区生产总值的比重、人口增长率，这些数据来自历年的《中国城市统计年鉴》。除此之外，本章还使用了土地出让数据，这份数据来自历年的《中国国土资源统计年鉴》。本章的考察期为2006年至2015年，总共包括283个地级市，共计2 830个统计值。

5.3.2 城投债数据的描述

由于地方政府债务界定模糊、对债务范围没有明确的规划，因此体制内外的债务都涵盖其中。此外，截至目前中国还没有一个专门用来统计地方债务的数据库，审计署公开的地方政府债务的数据也很有限，所以若想完整准确地统计地方政府债务规模，其工作难度很大。《中共中央国务院关于防范化解地方政府隐性债务风险的意见》（中发〔2018〕27号）提出，城投债是地方政府债务里隐性债务的一个重要部分，鉴于很难获取地市级层面的政府投资基金、政府购买服务等隐性债务的相关数据，受限于数据的可获取性，本章利用城市的城投债衡量该地区的债务水平。近年来，越来越多的学者关注城投债，分析探讨其对偿债能力、民生发展等的影响。但是现有文献关于城投债的统计口径存在不明确和不统一的弊端，城投债数据大多来自wind数据库和银保监会名单，这两部分都存在诸多缺陷，会对我们的估计结果产生很大的偏差。

因此，本章采用的城投债数据是由毛捷等（2019）基于新口径公布出来的质量更佳的地级市城投债数据。按照其介绍，wind数据库的城投债数据的缺陷有：对城投债的定义不准确且常发生变动；遗漏了很多地方融资平台的债券发行信息；同时包含企业更名前后的同一笔债券发行信息；包含非真实存在的地方融资平台的债券发行信息。这套新口径的城投债数据的优势在于，它修正了wind数据库有关城投债数据存在的偏误，是一份更为完整的地方融资平台的名单，为研究问题提供了更为准确的基础数据。

5.3.3 变量说明

（1）被解释变量

经济增长水平（lgdp）。历年的《中国城市统计年鉴》都会公布地级市层面的地区生产总值数据。本章重点关注的就是地方政府债务对城市经济发展所起的作用。参考现有文献的做法，可以将地区生产总值作为衡量经济发展水平的一个指标，本章将对其数据进行处理。在稳健性检验中，本章采用地区生产总值的增长率，将其作为经济增长的代理变量。

（2）解释变量

地方政府债务水平（debt1）。鉴于地级市层面的地方政府债务数据缺乏完整性且不易获取，故本章在衡量地方政府债务水平时，采用地级市的城投债数据作为代理变量。参考已有文献（曹婧和毛捷等，2019）的做法，将地方政府债的发债金额加1取对数处理。如果一地区当年没有发行城投债，则$debt_{it}=0$。

（3）控制变量

本章在基准回归中主要选取了以下几个控制变量，现对这些控制变量加以详细说明。

财政缺口（czqk）：是衡量地方政府财力的一个重要指标，如果一地区的财政缺口比较大，那么地方政府就会预期其未来偿债能力比较低，故财政缺口会制约地方经济的发展。本章将财政缺口定义为一地区的地方财政支出和地方财政收入的差值占该地区地方财政收入的比重。

产业结构：本章在衡量产业结构时，采用产业增加值占地区生产总值的形式来衡量。一般来说，一地区的第二产业和第三产业对当地经济水平会产生重要影响，因此，本章借助第二产业增加值占地区生产总值比重、第三产业增加值占地区生产总值比重，来衡量一地区的产业结构（second and third）。一地区的产业状况发展得越好，越会对当地经济产生积极的影响。

土地收入：本章采用土地出让收入占地区生产总值的比重，即土地出让规模（land）来衡量一地区的收入水平，土地出让收入是地方政府的重要收入来源。现今，各地方政府对土地出让收入的依赖性很大。通过现有文献可以看出，获得土地出让收入高的地方政府会预期其未来偿债能力也强，所以会积极进行市政基础设施的建设，由此带动就业率的提高，引导消费需求，促进地方经济提升。地方政府在进行基础设施建设时，其主要资金来源就是土地出让收入，它能够为地方政府偿还债务做出重要的担保（范剑勇，2014）。

人口密度（lnpopden）：人口密度可以侧面反映出一地区的经济繁荣程度，通常认为人口密度越大的地区，其消费需求潜力越大，经济发展潜能也越高。本章用辖区总人口占辖区总面积的比重来衡量人口密度，同时采用对数形式加以处理。

人口增长率（poprate）：人口增长率可以反映一地区的人口规模状况。一般说来，人口增长率高的地区，其就业需求和消费需求也就越大，会刺激该地区积极建设，大力发展经济。故人口增长率与经济水平呈现正相关关系。

表5-1给出了变量列表。表5-2给出了各变量的描述性统计，从中我们可以了解各变量的数值情况。

表5-1 **变量列表**

变量类型	指标名称	变量名称	代理变量及其解释说明
被解释变量	经济增长水平	lgdp	地区生产总值的对数形式
解释变量	债务水平	debt1	城投债发债金额，加1取对数处理。若没有发行城投债，则取值为0
控制变量	财政缺口	czqk	财政缺口=（地方财政支出-地方财政收入）/地方财政收入
	产业结构	second and third	第二产业增加值/地区生产总值和 第三产业增加值/地区生产总值
	土地出让规模	land	土地出让收入/地区生产总值
	人口增长率	poprate	人口增长率，单位‰
	人口密度	lnpopden	人口密度=辖区总人口/辖区总面积，再进行对数处理

表5-2 **各变量的描述性统计**

变量名称	样本数	平均值	标准差	最小值	最大值
lgdp	2 804	15.1351	1.1524	12.0124	19.0140
debt1	2 830	1.1547	1.6118	0	6.6564
czqk	2 804	1.7587	1.9071	-0.3512	17.3985
second	2 803	50.7115	12.2777	8.57	90.97
third	2 803	42.2136	11.0466	8.58	85.95
land	2 782	0.409	0.0348	0.0003	0.4246
poprate	2 764	5.9683	5.2155	-15.9	48.57
lnpopden	2 807	5.7109	0.9116	1.5476	7.8816

5.4 实证检验与分析

5.4.1 计量模型

本章的研究目的在于，考察地方政府债务和经济增长二者间的关系。故在设置计量模型时，在模型中，引入经济增长水平、债务规模以及财政缺口、产业结构、土地出让规模、人口增长率、人口密度等这些变量，具体的计量模型设定如下：

$$rjgdp_{it} = \beta_0 + \beta_1 debt_{it} + \delta\chi'_{it} + \mu_i + \lambda_t + \varepsilon_{it} \tag{5-1}$$

在式（5-1）中，i、t分别代表地级市、年份。$rjgdp_{it}$是i城市在t年份的人均gdp；自变量$debt_{it}$表示城市i在年份t发行的城投债的数量；χ'_{it}表示一系列控制变量，具体包括财政缺口、产业结构、土地出让规模、人口增长率、人口密度；μ_i和λ_t分别表示城市固定效应和时间固定效应，用以分别表示城市层面不随时间改变的不可观测因素以及时间层面不随城市变化而变化的不可观测特征。ε_{it}表示随机扰动项。在基准回归的估计式中，重点关注β_1的值，若$\beta_1>0$，则说明地方经济发展水平和债务水平呈现正相关关系，即一地区的地方政府债务如若增加，则会对该地区的经济增长起到积极的促进作用。

5.4.2 实证分析

表5-3是基准回归结果。在列（1），我们利用城投债发债金额对地区生产总值进行回归，试图对二者的相关关系有个初步的判断，从表5-3我们看到β_1前的系数显著为正，说明城投债的增加会对地区生产总值起到拉动的效果。在第（2）列，我们在第（1）列的基础上加入了时间固定效应和城市固定效应，以分析一些我们不可观测的因素，结果发现，解释变量前的系数依旧显著为正。列（3）是在列（2）的基础上，引入了控制变量，结果发现，解释变量的系数依旧显著为正，并在1%的水平上显著。

表 5-3　　　　地方政府债务对经济增长的影响

变量名称	(1) lgdp	(2) lgdp	(3) lgdp
debt1	0.216*** (0.0051)	0.0116*** (0.00443)	0.0122*** (0.00430)
czqk			(0.00430) (0.00593)
second			0.0130* (0.00702)
third			-0.00156 (0.00820)
land			0.0703 (0.181)
poprate			0.00404*** (0.00118)
lnpopden			0.371*** (0.144)
Constant	14.88*** (0.0555)	15.77*** (0.0131)	13.02*** (1.070)
Observations	2 804	2 804	2 711
Number of citycode	281	281	281

注：*、**、***分别表示在 10%、5%、1% 的水平上显著；括号中的数值是标准误；城市控制变量包括财政缺口、第二产业增加值占地区生产总值的比重、第三产业增加值占地区生产总值的比重、土地出让收入占地区生产总值的比重、人口增长率、人口密度。下同。

5.4.3　稳健性检验

一般来说，进行稳健性检验的目的是考察实证结果是否会随着计量方法、替换解释变量或者被解释变量的表达形式而发生显著差异，即考察核心解释变量的正负符号以及显著性是否会发生变化。如果在改变计量方法，抑或是替换解释变量或者被解释变量的表达形式后，核心解释变量的正负符号或显著性发生了变化，那么证明我们的基准回归的估计结果是不稳健的。所以，为了检验基准估计结果的稳健性，本章进行了以下几种稳健性检验。

（1）变换被解释变量

式（5-1）利用地区生产总值的对数形式作为被解释变量，考察一地区的地方政府债务规模对经济发展水平的影响。现本章在保持其他控制变量不变的情况下，以地区生产总值增长率（gdp growth）代替地区生产总值的对数（lgdp），重复进行基准回归，分析地方政府债务规模与地区生产总值增长率之间的关系。估计结果由表5-4的列（1）显示，在变换被解释变量后，本章重点关注的核心解释变量的估计系数依旧显著为正，debt1前的系数值为0.169，这说明地方政府债务每增长1%，地区生产总值增长率会提高16.9%。可见，我们基准回归的估计结果是稳健的，不受被解释变量变换形式的影响。

表5-4 **稳健性检验**

变量名称	(1) gdp growth	(2) lgdp	(3) lgdp	(4) lgdp	(5) lgdp
debt1	0.169** (0.0768)		0.0126*** (0.00430)	0.0117** (0.00460)	
debt2		0.00610*** (0.00215)			
L.debt1					0.0102** (0.00449)
czqk	-0.128 (0.110)	-0.00821 (0.00593)	-0.00842 (0.00595)	-0.00767 (0.00622)	-0.00812 (0.00585)
second	0.160*** (0.0534)	0.0130* (0.00702)	0.0129* (0.00702)	0.0110 (0.00767)	0.0118 (0.00811)
third	-0.0131 (0.0564)	-0.00156 (0.00820)	-0.00158 (0.00820)	-0.00297 (0.00893)	-0.00343 (0.00945)
land	6.885** (2.863)	0.0703 (0.181)	0.0688 (0.182)	0.104 (0.187)	0.0667 (0.189)
poprate	0.0261 (0.0209)	0.00403*** (0.00118)	0.00404*** (0.00119)	0.00551*** (0.00153)	0.00384*** (0.00119)
lnpopden	5.107** (2.429)	0.371*** (0.136)	0.420*** (0.144)	0.453*** (0.167)	0.407*** (0.134)
Constant	-25.29 (16.80)	13.03*** (1.070)	12.71*** (1.093)	12.65*** (1.223)	13.11*** (1.094)
Observations	2 706	2 711	2 691	2 416	2 436
Number of citycode	281	281	279	250	281

（2）变换解释变量

本章为了增强实证结果的可靠性，还采用改变核心解释变量的表达方式这一方法进行稳健性检验。具体来说，本章用Inverse Hyperbolic

Sine（IHS）变换后的发债金额[①]，计量地方政府的城投债数额，用debt2表示。从表5-4的列（2）可以看出debt2前的系数显著为正，这依旧可以证明地方政府债务对区域经济增长的积极作用。

（3）变换样本容量

鉴于北京、上海、广州、深圳作为一线城市，其经济发展能力远远强于其他地级市，包含这些城市的实证结果或许会产生偏误，所以本章想在剔除这四个城市后[②]，要新考察地方政府债务和经济发展水平之间的关系。由于在基准回归的样本中已经不包括北京和上海这两座城市，所以在稳健性检验中，本章在现有样本量的基础上剔除广州和深圳后，再次进行回归分析。结果如表5-4列（3）显示，可以证明我们的估计结果是稳健的。另外，中国为了促进地区间的协调发展，会出台许多向少数民族地区倾斜的政策，所以我们剔除所有民族地区的地级市之后，再次进行回归，从表5-4列（4）的估计结果可以发现，在剔除民族地区之后，本章重点关注的系数没有发生明显变化。

（4）滞后一期

在实证分析某个问题时，我们常担心解释变量和被解释变量之间会不会存在互为因果的关系。站在定性分析的角度上来看，地方政府债务是政府支出的重要资金保障来源，在经济过热时，政府会缩小公共支出的规模，减少举债行为。然而，当经济不景气时，政府为了刺激经济，势必会积极扩大财政支出，这就会增加对地方政府债务的需求。因此，地方政府发行债券的数量会受到经济环境的影响。为了减少这种双向因果关系造成的内生偏差，本章以地方政府融资平台公司发行城投债的滞后期为解释变量，进一步进行稳健性检验。通常来说，地方融资平台发行城投债的周期比较长，城投债的成功发行需要商议、准备材料、递交相关部门审批等一系列程序，通常需要经历一年左右的时间。为了消除互为因果的可能性，本章将解释变量作滞后一期处理，来研究地方政府债务与地方经济发展之间的相关性。研究结果显示在表5-4的列（5）

---

① 计算公式为：ln（debtIHS）=ln［debt+（debt2+1）1/2］，参见Faber和Gaubert（2018）。

② 样本为31个省、自治区（除西藏外）和直辖市，剔除北京、上海、广州、深圳后的城市样本。

中，我们的估计结果依旧显著为正，说明在考虑到滞后效应的影响后，地方政府债务对经济发展的影响效果不变。

5.4.4 异质性分析

在以上的实证分析中，我们得到的结论是：地方政府债务和经济增长呈正相关关系，这是站在全国整体的角度得出来结论。本章还想考察，地方政府债务会对中国不同区域的经济产生什么样的影响。所以接下来本章将中国所有地级市分为东部、中部、西部三个地区，按地区分别考察地方政府债务和经济发展水平之间的关系。

（1）东、中、西部描述性统计

区域经济发展不平衡仍然是我们亟待重视并处理的问题，中国各地区经济发展水平参差不齐，日益成为困扰中国国民经济持续健康发展的突出问题。在不同的经济发展水平之下，各地方政府对政府债务的依赖程度是不同的，各地经济发展水平对地方政府债务的反应也是不同的。我们按国家统计局下发的中国区域划分方法，将样本分为东部、中部和西部三类，进行异质性分析。现有的大多文献用此分类方法。中国东部地区具有得天独厚的地理条件，水路交通发达，为参与国际贸易提供了良好的条件，所以东部地区的经济率先得到蓬勃发展；中西部的地理位置相对而言较为闭塞，所以经济发展速度较为平缓。中国东、中、西部地区的经济发展差距凸显，并呈现不断扩大的趋势。表5-5、表5-6、表5-7给出了东、中、西部地区一些相关经济变量的描述性统计。

表5-5 **东部地区各变量的描述性统计**

变量名称	样本数	平均值	标准差	最小值	最大值
lgdp	957	15.7715	1.1099	13.2340	19.014
debt1	960	1.5587	1.8115	0	6.6564
czqk	957	0.7578	0.7971	-0.1428	13.5766
second	956	52.1091	9.4598	19.25	83.41
third	956	43.3932	9.2469	15.54	75.84
land	958	0.051	0.0399	0.0004	0.4246
poprate	945	5.5148	5.2461	-9.1	40.6
lnpopden	959	6.1675	0.615	4.5214	7.8816

表5-6 中部地区各变量的描述性统计

变量名称	样本数	平均值	标准差	最小值	最大值
lgdp	1 000	14.9132	0.9816	12.4311	18.2935
debt1	1 000	0.987	1.4444	0	6.0309
czqk	990	1.7653	1.255	-0.3512	9.1139
second	1 000	50.8139	12.6354	8.57	88.76
third	1 000	42.1707	10.9607	10.59	75.24
land	969	0.037	0.0317	0.0004	0.3154
poprate	983	5.9165	4.6559	-10.97	34.5
lnpopden	994	5.7474	0.7943	3.054	7.2727

表5-7 西部地区各变量的描述性统计

变量名称	样本数	平均值	标准差	最小值	最大值
lgdp	2 804	15.1351	1.1524	12.0124	19.014
debt1	2 830	1.1547	1.6118	0	6.6564
czqk	2 804	1.7587	1.9071	0.3512	17.3983
second	2 803	50.7115	12.2777	8.57	90.97
third	2 803	42.2136	11.0466	8.58	85.95
land	2 782	0.0409	0.0348	0.0003	0.4246
poprate	2 764	5.9683	5.2155	-15.9	48.57
lnpopden	2 807	5.7109	0 .9116	1.5476	7.8816

（2）实证结果

在将全部样本分为东、中、西部地区子样本后，我们分别进行如式5-1的回归分析，实证结果如表5-8所示。可以发现，中国地方政府债务对经济的影响，是存在地域差异性的。东部地区的估计结果在表5-8列（1）显示，核心解释变量debt前的系数虽然为正，但并不显著。列（2）、（3）依次是考察中部和西部地区的结果，我们重点关心的解释变量都为正，并在1%的水平上显著。从估计结果来看，我们猜想，在经济水平相对发达的东部，地方政府发行债券对提高当地经济发展水平没有显著的影响；而在中部以及西部地区，地方政府发行债券，会对经济提高产生显著的影响。

表5-8 异质性分析结果

变量名称	(1) 东部	(2) 中部	(3) 西部
	lgdp	lgdp	lgdp
debt1	0.00924	0.0132***	0.0122***
	(0.00820)	(0.00453)	(0.00430)
czqk	-0.00726	-0.0400**	-0.00821
	(0.0106)	(0.0167)	(0.00593)
second	-0.0194	0.0207*	0.0130*
	(0.0156)	(0.0109)	(0.00702)
third	-0.0342*	0.0100	-0.00156
	(0.0177)	(0.0122)	(0.00820)
land	0.311	-0.106	0.0703
	(0.260)	(0.262)	(0.181)
poprate	0.00536***	0.00594**	0.00403***
	(0.00207)	(0.00268)	(0.00118)
lnpopden	0.400	0.412**	0.371***
	(0.366)	(0.183)	(0.136)
Constant	16.03***	11.89***	13.02***
	(3.036)	(1.381)	(1.070)
Observations	937	949	2 711
Number of citycode	96	100	281

5.5 结论及政策建议

自2014年以来，中国出台了许多法律法规，意在加强对地方政府债务的管理，同时，中国还积极开展地方政府债券置换工作，对地方政府债务的膨胀起到了一定的遏制作用。但不稳定、不可预测的因素依旧很多，如新冠肺炎疫情的暴发和境外疫情的扩散对中国经济都造成了不小的冲击，财政收入明显减少，财政支出大幅度增加。另外，中国近年来一直推行的一系列改革措施，例如，供给侧结构性改革、“减税降费”等，这些都需要积极的财政政策加以配合，但也会导致地方财政收支缺口进一步扩大，故我们要防范地方政府债务规模的无序膨胀。

在这一背景下，厘清地方政府债务对当地经济走向的影响，有利于我们充分认识政府债务在经济发展中所起到的作用，从而更好地调控经济。本章从实证的角度验证了地方政府债务水平对经济增长水平产生的影响，利用2006—2015年283个地级市的经济社会发展数据和城投债数据，建立双向固定效应模型，研究地方政府债务和经济发展之间存在的关系。本章借用毛捷等（2019）公布的城投债数据作为地方政府债务水平的代理变量。我们的实证估计结果表明，一地区地方政府债务规模和经济发展水平是呈正相关关系的，地方政府发行的政府债券越多，经济往往发展得越好，并通过一系列的稳健性检验证明此估计结果的稳健性。之后，本章进行了异质性分析，分别站在东部、中部和西部的角度，考察地方政府债务水平和经济增长水平间的关系。我们从实证结果了解到，东部地区的债务水平对经济增长的影响并不显著，而中部和西部的债务水平对经济增长有着显著的积极作用。因此本章提出要因地制宜地进行地方政府债务管理，不能以偏概全。

尽管政府债务水平对经济增长有正向影响，但我们不能无节制地放任地方政府发行地方政府债券，要使地方政府债务数量控制在地方政府经济能力可控的范围内，制定科学的监督与管理政策，预防地方政府债务可能带来的风险。社会各界也要对地方政府债务秉承客观理性的态度，不能一味地排斥，我们应该明白，在合理范围内的地方政府债务会对经济增长起到积极促进作用。为此，本章提出以下建议：第一，国家要根据不同地区的经济发展水平、基础设施建设完成进度等各项因素，科学合理调控各地区的债务规模，为发展程度不同的地区制定不同规模的债务限额，按地区分档次设置债务限额。虽然我们的实证结果证明，东部地区的债务水平对其经济发展的影响并没有显著的促进作用，但地方政府发行债券可通过改善基础设施建设水平、提高民生福祉等方式提升社会福利水平。考虑到东部地区从全国来看处于经济发展水平的前列，地方政府有较强的还债能力和抵御风险的能力，所以中央可以给予东部地区相对更广阔的举债空间。而中西部地区经济发展能力相对落后，其中有很多省市的债务负担已经超出其可承受范围，这些地区的地方政府应采取谨慎的态度发行地方政府债券，不能一味地盲目发债。第二，建立健全地方政府举债监管机制，增强地方政府债务融资的规范性。在2014年，中国出台了新《预算法》，对地方政府融资的模式、发债主体实施了更严格的控制，有利于防范地方政府债务风险，在一定程度上控制了违法违规举债行为的发生。中国地方政府隐性债务存在一些问题，例如，规模庞大、融资方式不透明、具有潜在的风险。因此，遏制隐性债务的增长是十分关键的，地方政府应该遵循相关规章制度，按规范流程审批，万不可通过违规操作的方式，对融资平台进行支持。第三，地方政府在使用债务资金时，应该采取一种谨慎的态度，力求提高债务资金的使用效率，将其用在实处。要合理划分政府和市场的边界，使边界清晰，促进公共产品的有效供给，同时不挤出私人投资。像基础设施、公共项目等资金投入量大、收益实现周期长的领域，政府应积极干预，可将通过举债获得的资金投入到此类领域，实现公共产品的有效供给。但地方政府不应该将借债资金投入到市场化程度比较高的领域，不应破坏市场的公平竞争和现有的产业结构。政府要积极倡导和推广新型融资模式，如PPP，可有效减轻地方政府的财政压力，提高举债资金的使用效益。

6　中国地方政府债务与民生发展

6.1　引言

近些年来，国内外广泛关注地方政府的借债规模及其发展趋势。截至2013年6月，根据审计署发布的数据，中国省、市、县三级地方政府的未偿债务为105 578.10亿元。政府的大部分债务投资于市政建设、科学、教育和文化以及涉及民生健康的其他项目，期望能够改善居民的生活水平。中国的地方政府性债务主要投入到和经济发展、民生改善等相关的项目建设当中，极大地促进了当地基础设施建设水平和民生水平的提高，做到了经济发展和社会发展的动态平衡。据统计，中国民生指数由2000年的38.690提高到2013年的64.780，中国东、中、西和东北地区的民生指数都呈现稳步上升的趋势。近年来，中国各省、自治区、直辖市都集中精力从就业、社会保障、公共安全等方面出发，着重改善当地的民生水平。在党中央的号召下，财政经费也逐渐向民生领域倾斜。国家统计局的统计结果显示，中国在教育、科技、社会保障和就业方面的财政支出在财政总支出中所占的比重越来越大。

民生关系到人民的心态和民族命运。党中央始终坚持以人民为中心，以改善民生和福祉为发展目标，牢牢抓住人民最直接、最实际的利益。习近平总书记指出，“民生问题，不仅仅是经济问题、社会问题，更是政治问题”。只有民生改善了，人民对美好生活的愿望才能得以满足，才能为中国实施各项改革提供源源不断的动力，才能促进中国特色社会主义现代化建设事业的成功。民生涉及的范围极其广泛，不论教育、医疗，还是生态、住房，无不包括在其领域之中，民生涉及人们衣、食、住、行等各个方面。党和政府自2005年以来开始强调民生的重要性，提出“要让全体人民共享改革发展成果”。2014年党的十八届四中全会强调，加强民生法律建设。党的十九大更是把民生问题提升到前所未有的高度，把保障和改善民生作为全面建成小康社会取得决定性成就的关键任务。

近年来，地方政府债务规模成为国内外研究的一个热点话题，随着中国政府治理的现代化，地方政府债务规模的不断扩大，引起人们对政府债务风险的担心。改善民生有助于提高劳动者的素质，增强国家竞争力以及促进经济、社会的蓬勃发展。中国地方政府债务是否能够真正起到改善民生的效果，过去的文献很少涉及。在讨论地方政府债务规模时，现有文献主要集中于经济增长、财政分权、转移支付和影子银行方面。实际上，地方债务资金主要用于民生建设。要研究地方政府债务的规模，首先必须考虑地方政府对满足公共需求、改善社会福利和促进民生发展的责任，并考虑地方政府债务对民生发展的影响。从经济效率的角度来看，地方政府债务与经济增长之间的非线性关系将产生最优的地方政府债务规模，但地方政府债务规模的扩大不应以经济增长为最终目标，而应满足社会公共需求、提高社会福利水平，促进民生发展。当前，中国地方政府债务管理缺乏科学、有效、规范的约束机制，如果地方政府债务的产出偏离社会公共需求，将影响社会福利水平，同时也给地方政府债务带来风险隐患。因此，我们认为，从民生发展的角度来看，应该有一个适度的政府债务规模，这不仅有利于提高经济效益，而且有利于满足社会公共需求和帮助民生发展。

既然大多数的地方政府债务都投入到民生领域，那么这些投资有没有真正达到改善人民福祉的效果呢？民生水平的提高在多大程度上得益于地方政府债务的投入尚不明确。因此，探索和研究地方政府债务规模和民生发展的关系是十分有必要的，我们要在理论分析和实证分析结合的基础上，找出二者之间存在的关系，分析原因，为中国下一步管理地方政府债务、完善地方政府债务机制提供相应的政策建议。

本章是根据以下结构框架开展的：第一部分，引言。阐述了本章的选题背景和研究意义，并介绍了中国地方政府规模和民生发展的现状，引出研究地方政府债务和民生发展关系的意义所在。第二部分，文献综述。对现有有关民生发展以及地方政府债务和民生发展关系的文献进行详细梳理与整合。民生发展的文献主要是从民生的相关概念、民生指标的构建以及发展民生的重要性这三个角度展开的。第三部分是实证分析。首先介绍了本章的计量模型和数据来源，并解释了本章使用的相关变量。其次分析了本章的基本回归结果，依照得出的估计结果对研究假说进行验证，并进行一系列稳健性检验验证结果的可靠性。最后本章的全部样本分为东部、中部和西部三个子样本，以检验地方政府债务与民生发展之间的关系。第四部分是研究结论。这一部分简要总结了本章的实证研究结果。就此结果分析地方政府债务规模对民生发展的影响并提出相关的建议。本章基于2002—2012年中国31个省、自治区（除西藏外）、直辖市的面板数据来检验地方政府债务规模与民生发展之间的关系，其中描述民生发展水平的数据来自国家统计局编的《2015中国发展报告》中的《2013年地区发展与民生指数统计监测结果报告》，其他数据均来自相关年份的《中国统计年鉴》《中国财政年鉴》《中国国土资源统计年鉴》《中国固定资产统计年鉴》。

6.2 文献综述

6.2.1 关于民生发展的研究

从古至今，民生问题一直是影响一个社会发展的关键，民生问题不仅影响经济的发展、社会的稳定，而且关系着社会文明的进步。民生问题关系着广大人民群众的利益，中国各级政府都十分重视民生问题的建设。解决人民最关心、最直接的现实利益问题，将经济发展成果投入到改善民生上来，是实现社会主义现代化建设的必然要求。

（1）关于民生指标的构建

“中国民生发展研究”课题小组采用综合评价指数法构建了民生指标。一级指标是人民生活质量指标，二级指标是就业和收入质量指标、环境生态质量指标、教育文化质量指标、出游和生活质量指标以及健康和安全质量指标。王威海、陆康强（2011）选取的民生指标涵盖健民、便民、助民、怡民、惠民、裕民、智民、安民等8个领域。李志强（2013）通过考察民生、经济、环境以及社会等彼此之间相互影响的因素，构建了民生发展不同层面的评价指标体系。王青、王娜（2014）利用因子分析法，建立了中国民生评价体系。

（2）关于民生发展的文献

中国政策的重心日益向改善民生方面倾斜，但是许多民生领域的问题仍旧没有得到妥善解决。如何从中国实际情况出发，集中力量解决民生领域问题，是发展中国经济社会的一个现实热点问题。马斯格雷夫（1969）提出经济因素是影响一地区民生性财政支出的最重要因素，民生公共投资在很大程度上取决于经济发展水平。Holsey（1997）提出公共服务需求会随着人口规模的扩大而逐渐增多，相应地，政府的财政支出也不断增加，这有利于缓解地区发展不均衡的问题。贾康（2011）主张政府要充分利用财政资源改善主要的民生项目，在实现基本民生的基础上逐渐提高民生水平，追求民生效益的可持续发展。刘尚希（2008）提出财政支出要以人为本，财政活动的目的在于解决人的需求。财政不仅要保障人民的基本消费，促进经济发展，更重要的是要承担起实现公平的职责。郝硕博等（2009）认为民生财政的最终目的在于提升公共福利水平，财政政策和转移支付都要用来满足人们对教育、医疗、养老等民生领域的需求。

6.2.2 民生的相关概念

民生有两种含义：一种从宏观方面来说，另一种是从微观个体来说。宏观上的民生指与民生相关的所有事情，涵盖经济、社会、文化等多个方面。微观个体的民生是单纯从社会层面加以概括的，它是指人民的生活条件，以及人民的发展机会和相关权利与利益。

地方政府主要通过调整民生性支出的结构影响民生发展质量。从广义上看，教育、养老、医疗以及公共基础设施建设等涉及广大人民群众利益的公共财政支出都可以是地方民生性财政支出。田波等（2008）又将民生财政支出的范围细分为生存、生计、生活这三个方面，提出除了要让人民有尊严地生存之外，还要解决收入、就业、社保、养老、教育等关乎民众生活质量的问题。张馨（2009）将地方民生性财政支出的范围按以下标准进行划分：第一等级是就业、环保、医疗卫生等；第二等级是教育和计划生育；第三等级是文化活动；第四等级是环保和生态。从狭义上来讲，民生支出只涵盖财政在与民生诉求密切相关的项目上的支出。马海涛等（2010）将民生支出定义为教育、就业和收入分配、社会保障、住房保障、环境和卫生、文化体育。李广舜（2010）对民生财政和公共财政进行区分，他指出民生财政支出重点投向教育、医疗卫生、文化体育这些与人们日常息息相关的领域。崔惠民等（2011）提出地方民生性财政支出应至少包括以下五个方面：教育、医疗卫生、就业、社会保障和住房保障。姜扬（2017）支持崔惠民对民生财政支出内容的划分，他建议政府要充分考虑广大人民群众最基本的民生诉求。

6.2.3 地方政府债务和民生发展

地方政府债务是地方财政收入的渠道之一，是地方政府常用的理财形式。我们要以辩证的思维看待地方政府债务，不能单纯地因为短期内债务规模大、财政偿债压力大等而一概否定其合理性。由于中国的地方政府对财政的管控能力有一定的限制，地方政府为了促进当地的经济发展，通常会选择适当发行政府债券的做法，提前使用未来的钱，处理好当前的事务，这是跨越式发展促进部分地区经济社会发展的重要措施。

但地方政府值得注意的是，要在一个合理的范围内发行政府债券，不能随意地扩大地方政府债务的规模，不然结果并不像预期的那样发展，容易出现地方政府债务危机，不仅会损害民生，而且影响当地经济的正常健康发展。

地方政府会将其通过发行政府债券获得的财政收入多用于民生领域，这些民生领域主要有：环境保护、公共安全、医疗卫生等。资料显示，在2007—2012这五年的时间里，中国财政投入到教育领域的支出占地区生产总值的比重有所提升，从3.12%上升到4%；投入到医疗卫生领域的财政支出年均增长率有29.3%；另外，中国对社会保障以及城乡社区这两个领域的支出的增长率也达到了两位数。由此可见，中国中央政府对民生领域的重视不断加强，增加了对民生支出的投入力度，民生事业取得了显著进步，日益改善的民生质量为广大民众提供了安心的生活保障。然而，要想使得中国的民生事业迈上一个新的台阶，我们还需要高额的民生投资。在"十二五"期间，中国政府重视环保建设，增加对环境治理的投入，中国的环保支出年均增长额可达2 000亿元。中国在未来一段时间里投入大规模的用于民生领域的资金是大势所趋，要想创造一个稳定和谐的社会，民生投入是必要而且是必然的。地方政府要通过发行债券筹集资金，将资金用于民生建设上来。

地方政府债务资金是促进民生发展的有力保障，可以为民生设施和服务的改善提供强大的资金来源，可以保障地方民生事业的顺利进行，即扩张地方政府债务规模在一定时期内可以缓解地方财政压力，实现改善当地民生质量的目标。尽管如此，我们仍要警惕地方政府债务规模的无序扩张，一旦地方政府债务规模膨胀到地方政府财政不可控的极限，就会损害地方的民生发展。各地方政府通过举借债务可弥补自身财政能力的不足，在面对自然灾害方面发挥积极作用。例如，为了进行2008年汶川大地震的灾后重建工作，四川省各级政府通过发行地方政府债券筹措到558亿元的资金，使得灾后重建工作顺利推进。将地方政府债务投入到民生领域，可以便民惠民，增强百姓的获得感。例如，如果将债务资金投入到交通设施上，会有效推动交通行业的快速发展，方便人们的出行；如果将债务资金投入到义务教育上，会降低文盲率，提高中国国民的文化素质。这些民生工程建设都会提高中国民生服务水平。但是，与此同时，地方政府债务也会阻碍民生的发展进程：如果政府债务规模持续地、没有期限地扩大，那么就会造成地方政府负债率的上升，给地方政府带来巨大的偿还债务的压力。在这种情况下，地方政府只好通过卖地获得财政收入，这就会造成土地价格升高。如果土地价格不断上涨，势必会带动房价的上升，这无疑会给老百姓造成严重的经济负担，反而不利于民生的发展。如果地方政府不能很好地处理眼前利益和长远利益的关系，只顾短期内经济指标的快速提升，一味地扩大债务规模，将不利于民生建设，阻碍民生进程，会对地方经济和民生发展都造成负面影响。

因此，在经上述理论分析后，我们猜想，地方政府债务和民生发展之间存在一个阈值，在未达到阈值时，地方政府债务对民生发展起促进作用；在达到并超过阈值时，地方政府债务反而不利于民生发展。地方政府如果想实现民生发展的最大化，应努力将其地方政府债务的规模控制在这个阈值内。故提出以下假说：地方政府债务和民生发展之间存在一种倒“U”形的非线性关系。

6.3 实证分析

6.3.1 地方政府债务规模测算

从世界发达国家地方政府管理的实践和经验来看，满足社会公共需求和促进民生发展已经成为地方政府债务管理的一条基本原则。查阅各地方政府的工作报告可以发现，中国地方政府债务资金主要用于弥补地方财力缺口，包括交通、水利、环境、教育、卫生、科学研究等基础设施建设和公益性项目的投资。在弥补了经常性支出后，面对市政领域固定资产投资建设庞大的资金需求，地方政府需要通过地方融资平台融资，因此市政领域基础设施建设的投资压力是地方政府债务产生的本质。地方政府债务的使用是为满足公众社会福利的需要，地方政府债务的偿还最终源于当地居民未来增加的税收，因而地方政府债务的使用必须满足本地的公共服务需求，实现民生发展。地方政府新增债务规模用来弥补投资财力缺口，这一财力缺口由当期地方政府在市政领域固定资产的投资总额与当期地方政府可投资财力之间的差额决定，具体公式为：地方政府新增债务规模（govd）=地方政府市政领域固定资产投资总额（ti）-地方政府可投资财力（fi）。根据中国的实际情况，上式中的当期地方政府可投资财力包括三个方面：一是固定资产投资预算内资金（bi）；二是土地出让金中用于投资的资金（itfi）；三是市政领域固定资产折旧（dfa）。因此，可以将地方政府新增债务规模计算式进一步表述为：地方政府新增债务规模（govd）=地方政府市政领域固定资产投资总额（ti）-固定资产投资预算内资金（bi）-土地出让金中用于投资的资金（itfi）-市政领域固定资产折旧（dfa）。具体指标及数据说明如下：

（1）地方政府市政领域固定资产投资总额（ti）。根据中央与地方的事权划分规定以及《中国统计年鉴》中全社会固定资产投资中的行业分类，地方政府主要承担其中七个行业的固定资产投资，因而地方政府市政领域固定资产投资总额将由这七个行业的固定资产投资之和来表示，具体包括电力、燃气及水的生产和供应业，交通运输、仓储和邮政业，科学研究、技术服务和地质勘探业，水利、环境和公共设施管理业，教育、卫生、社会保障和社会福利业，公共管理和社会组织。

（2）固定资产投资预算内资金（bi）。《中国统计年鉴》对各地区全社会固定资产投资资金来源进行了分类表述，由此可以得到各年度“各地区全社会固定资产投资中国家预算内资金”。鉴于《中国统计年鉴》中各个行业投资资金来源的统计，发现各地区全社会固定资产投资中国家预算内资金主要投资到了前述全社会固定资产投资中的七个行业中。因此，地方政府公共预算内的投资资金可以用各地区全社会固定资产投资中国家预算内的资金表示。

（3）土地出让金中用于投资的资金（itfi）。在分税制框架下，地方政府投资受到融资约束，过度依赖于土地出让收入。土地财政成为弥补地方政府固定投资资金缺口的重要资金来源。从现实情况来看，土地出让纯收益是土地出让金扣除土地征收成本、土地基础设施建设成本、土地收储融资成本和土地审批成本后的余额，可以用于地方政府在市政领域的投资，因而将土地出让纯收益作为当期土地出让金中用于投资的资金。

（4）市政领域固定资产折旧（dfa）。根据张忆东和李彦霖（2013）的估算，整体来说市政领域投资项目的利润为零。而市政领域固定资产折旧可以作为当期地方政府可投资财力，因而当期市政领域固定资产折旧=上一期市政领域固定资产投资总额×固定资产折旧率，其中地方固定资产折旧率将以市政领域各个行业投资额比重作为权重，再根据张军（2004）测算的各行业固定资产折旧率进行计算。

表6-1是2003—2012年全国市政领域固定资产投资总额、地方政府可投资财力总额和新增债务总额。数据均来自2003—2012年的《中国统计年鉴》《中国财政年鉴》《中国国土资源统计年鉴》《中国固定资产统计年鉴》。

表6-1 **2003—2012年全国地方政府财政情况** 单位：亿元

年　份	2003	2004	2005	2006	2007	2008	2009	2010	2011	2012
市政领域固定资产投资总额	12 330	18 257	19 866	22 239	42 717	29 767	42 362	49 947	51 004	58 348
地方政府可投资财力总额	4 427	5 592	6 285	8 869	12 773	14 092	20 330	26 791	29 433	29 740
新增债务总额	7 903	12 661	13 581	13 370	11 944	15 676	22 632	23 156	21 571	28 608

6.3.2 计量模型与变量选取

（1）模型构建

为检验地方政府债务规模扩张对民生发展的动态影响，这里选取中国各省区的面板数据，构建滞后一期的动态面板计量模型：

$$
\begin{aligned}
inclu_{it} = \alpha_0 + \alpha_1 inclu_{i,t-1} + \alpha_2 pfe_{it} + \alpha_3 \ln govd_{it} + \alpha_4 \ln govd^2_{it} \\
+ \sum_{j=1}^{n} \beta_j X_{it} + \lambda_i + \varphi_t + \varepsilon_{it}
\end{aligned}
\quad (6\text{-}1)
$$

其中，下角标i表示省区，下角标t表示年份，$inclu_{it}$表示民生发展水平，即地区发展与民生指数，pfe_{it}表示地方政府财政支出规模，$govd_{it}$表示地方政府债务规模，为了分析地方政府债务规模对民生发展的长期影响，这里还加入地方政府债务规模的二次项。X_{it}表示一组控制变量，λ_i表示地区固定效应，φ_t表示时间固定效应，ε_{it}表示随机误差项。

（2）变量说明

被解释变量：地区发展与民生指数（$inclu_{it}$）。当前，最适合用来描述民生发展水平的指数是联合国开发计划署（United Nations Development Programme，UNDP）于1990年开发的人类发展指数（Human Development Index，HDI），但这里以中国地方政府为研究对象，数据主要为中国省级面板数据，人类发展指数缺乏在这一层面的描述，我们将采用国家统计局发布的《2013年地区发展与民生指数统计监测结果》中的地区发展与民生指数作为各省区民生发展水平的代理指标。地区发展与民生指数包括经济发展、民生改善、社会发展、生态建设、科技创新和公众评价五个方面共42个指标，测量了2003—2012年中国各省区的经济发展与民生状况，可以充分体现中国各省区的民生发展水平。

核心解释变量：地方政府财政支出规模（pfe_{it}）和地方政府债务规模（$govd_{it}$）。财政支出规模反映了地方政府对经济社会发展的干预程度，pfe_{it}表示地方政府财政支出规模，用地区财政支出/地区生产总值计算。地方政府新增债务规模（govd）=地方政府市政领域固定资产投资总额（ti）-固定资产投资预算内资金（bi）-土地出让金中用于投资的资金（itfi）-市政领域固定资产折旧（dfa）。

控制变量：本章选取$L.inclu_{it}$表示滞后一期的民生发展水平；$city_{it}$表示城市化率，用城镇就业人口/总人口×100%计算；$urgap_{it}$表示城乡收入差距，用城镇居民人均可支配收入/农村居民人均可支配收入计算；$trade_{it}$表示外贸水平，用地区进出口总额/地区生产总值计算；fdi_{it}表示外资规模，用fdi地区生产总值计算。

6.3.3 回归结果分析

本节首先采用固定效应进行基准回归，随后将解释变量滞后一期构建动态面板模型，反映滞后一期的民生发展对当期民生发展的惯性影响，通过这一指标考察民生发展是否存在趋同效应。由于时间纬度较短，滞后项具有动态特征，为了克服个体差异性以及模型存在的内生性问题，本节采用系统广义矩估计来估计动态面板模型，系统广义矩估计可以充分利用样本信息，明显降低估计量的小样本偏误。为了消除量纲上的差异和异方差，本节对地方政府债务规模进行自然对数处理。

（1）全国层面的回归结果分析

表6-2中的模型（1）和模型（2）是基于全国层面的静态固定效应模型的估计结果。模型（3）、模型（4）和模型（5）是动态面板模型的估计结果。地方政府财政支出规模的系数在1%水平上显著为正，说明地方政府财政支出对地区民生发展起到积极作用。模型（1）和模型（3）重点考察地方政府债务一次项对地区民生发展的影响，结果表明其影响不显著。在模型（2）和模型（4）中加入了地方政府债务的二次项后，一次项的系数显著为正，二次项的系数显著为负，表明地方政府债务规模与民生发展水平之间存在倒“U”形关系，即扩张地方政府债务规模在一定时期内起到了促进地区民生发展的效应。一方面，地方政府债务缓解了地方财政压力；另一方面，民生发展反过来拓宽了地方政府职能，又进一步推动了地方政府债务规模扩张。但长期来看，地方政府债务规模无限扩张会妨碍地区民生发展。因此，在既定民生发展水平下，存在着一个最优地方政府债务规模。为了检验结果的稳健性，在模型（5）中加入对民生发展有影响的变量。城市化率的系数显著为负，说明随着城市化进程的加快城市功能缺陷和民生质量下降等问题凸显。特别是新型城镇化带来了交通拥堵、雾霾频发和噪声污染等一系列问题，城市生活质量明显下降，不利于地区民生发展。贸易水平系数均显著为正，说明近年来贸易发展对地区民生发展具有促进作用。fdi的系数显著为负，虽然fdi在一定程度上弥补了资本不足对中国经济社会发展的重要作用，但地方政府为了吸引fdi而展开的激烈竞争造成财政资源的浪费和扭曲，一定程度上不利于地区民生发展。

表6-2 **全国层面的回归结果**

变 量	固定效应		系统广义矩估计		
	模型（1）	模型（2）	模型（3）	模型（4）	模型（5）
L.inclu			0.024*** (0.000)	0.082*** (0.000)	0.065*** (0.000)
pfe	0.056** (0.025)	0.091*** (0.000)	0.037*** (0.000)	0.024*** (0.000)	0.041*** (0.000)
lngovd	0.031 (0.510)	0.064** (0.027)	0. 043 (0.643)	0.073** (0.033)	0.082** (0.037)
$lngovd^2$		-0.084* (0.049)		-0.067* (0.039)	-0.026* (0.015)
city		-0.068*** (0.000)			-0.073*** (0.000)
trade		0.021*** (0.000)			0.046*** (0.000)
fdi		0.082*** (0.000)			-0.094*** (0.000)
常数项	0.169*** (0.000)	0.135*** (0.000)	0.041** (0.019)	0.019** (0.09)	0.015 ** (0.007)
样本数	310	310	279	279	279
R^2	0.248	0.276			
F	59.427***	26.614***			
AR（1）			0.000	0.000	0.000
AR（2）			0.315	0.331	0.279
Hansen			0.765	0.545	0.665

注：*、**和***分别表示在10%、5%和1%的显著性水平下，括号内为标准差，下同。

（2）区域层面的回归结果分析

中国根据地域特点及其发展需要制定了一系列区域性发展战略和政策，因而地区间经济社会发展存在显著差异，这里将对区域层面的民生发展进行检验，分别对东、中、西部地区进行静态固定效应模型估计，随后进行系统广义矩估计，结果如表6-3所示。

表6-3 **区域层面的回归结果**

变 量	东部地区		中部地区		西部地区	
	固定效应	系统广义矩估计	固定效应	系统广义矩估计	固定效应	系统广义矩估计
	模型（6）	模型（7）	模型（8）	模型（9）	模型（10）	模型（11）
L.inclu		0. 034** （0.015）		0.058** （0.026）		0.021*** （0.000）
pfe	0.061*** （0.000）	0.056** （0.025）	0.064*** （0.000）	0.193*** （0.000）	0.217*** （0.000）	-0.031 （0.000）
lngovd	0.032** （0.014）	0.087** （0.040）	0.032** （0.000）	0.051** （0.023）	0.056** （0.023）	0.034** （0.015）
$lngovd^2$	-0.053* （0.031）	-0.075** （0.034）	0.042** （0.019）	0.035** （0.016）	-0.018* （0.110）	-0.072** （0.029）
city	0.025*** （0.000）	-0.037*** （0.000）	0.026*** （0.000）	0.046*** （0.000）	0.026*** （0.000）	0.031*** （0.000）
trade	0.052*** （0.000）	0.053*** （0.000）	0.050*** （0.000）	0.056*** （0.000）	-0.048*** （0.000）	0.074*** （0.000）
fdi	-0.075*** （0.000）	-0.088*** （0.000）	0.045*** （0.000）	-0.062*** （0.000）	0.031*** （0.000）	0.065*** （0.000）
常数项	0.108*** （0.000）	0.084*** （0.000）	0.048** （0.022）	0.064* （0.029）	0.072*** （0.000）	0.083*** （0.000）
样本数	110	99	80	72	120	108
R^2	0.234		0.276		0.280	
F	24.473***		41.426***		43.267***	
AR（1）		0.007		0.006		0.005
AR（2）		0.537		0.622		0.625
Hansen		0.600		0.613		0.607

从表6-3可以发现：在东部地区的固定效应估计中，城市化率的系数显著为正，在系统广义矩估计中城市化率的系数显著为负，需要进一步再检验，其他变量的估计结果与全国层面的估计是否一致。在中部地区，地方政府债务规模二次项在固定效应模型估计中系数显著为正，在系统广义矩估计中其二次项系数也显著为正，说明中部地区地方政府债务规模的扩大无论是在短期还是在长期均有助于推动地区民生发展；外资规模在固定效应模型中系数显著为正，在系统广义矩估计中系数显著为负，说明在解决模型内生性问题后，外资规模在中部地区不利于地区民生发展。西部地区政府财政支出规模在固定效应模型中估计系数显著为正；外贸水平在固定效应模型中系数显著为负，在系统广义矩估计中系数显著为正，需要进一步再检验。区域层面的回归结果中个别变量的估计结果不稳健，为了减少由于遗漏变量而造成的偏误，下面将对东、中、西部地区进行稳健性检验。

表6-4是对东部地区进行的稳健性检验，加入城乡收入差距这一控制变量，城市化率的系数在模型（12）的估计中显著为正，说明城市化进程提高了东部地区的民生发展水平。由于城市化发展吸引了更多的农村人口到城市中，这部分人口的收入水平有所提高，同时也推动了教育和医疗等社会福利的改进。城乡收入差距系数显著为正，表明扩大的城乡收入差距在东部地区具有促进民生发展的效果。虽然城乡差距扩大了，但城镇居民与农村居民的人均收入均大幅增加，在经济发展的同时也促进了民生发展。

表6-4 **东部地区稳健性检验结果**

变量	东部地区				
	固定效应		系统广义矩估计		
	模型（6）	模型（12）	模型（13）	模型（14）	模型（15）
L.inclu			0.028*** (0.000)	0.034*** (0.000)	0.042*** (0.000)
pfe	0.061*** (0.000)	0.032*** (0.000)	0.028*** (0.000)	0.012*** (0.000)	0.018*** (0.000)

续表

变 量	东部地区				
	固定效应		系统广义矩估计		
	模型（6）	模型（12）	模型（13）	模型（14）	模型（15）
lngovd	0.032** （0.014）	0.049*** （0.000）	0.043*** （0.000）	0.082*** （0.000）	0.061*** （0.000）
$lngovd^2$	-0.053* （0.031）	-0.087*** （0.000）	-0.048*** （0.000）	-0.067*** （0.000）	-0.075*** （0.000）
city	0.025*** （0.000）	0.029*** （0.000）			0.032*** （0.000）
trade	0.052*** （0.000）	0.061** （0.026）		0.067** （0.032）	0.084* （0.049）
fdi	-0.075*** （0.000）	-0.053*** （0.000）		-0.071*** （0.000）	-0.048** （0.02）
urgap		0.072*** （0.000）		0.091*** （0.000）	0.069*** （0.000）
常数项	0.108*** （0.000）	-0.071* （0.042）		-0.055* （0.033）	-0.095** （0.041）
样本数	110	110	99	99	99
R^2	0.234	0.203			
F	24.473***	21.128***			
AR（1）			0.005	0.007	0.006
AR（2）			0.847	0.739	0.741
Hansen			0.982	0. 593	0.611

表6-5是对中部地区和西部地区进行的稳健性检验。在中部地区，地方政府债务规模一次项、二次项的系数均显著为正，外资规模系数显著为负，模型加入地方政府财政支出规模与外资规模的交互项后其系数显著为正，表明地方政府采取如出口补贴和税收优惠等援助本地企业发展的措施，可以与流入的外资进行良性互动和公平竞争，那么流入的外资也会提高地区民生发展水平。对于西部地区，加入地方政府财政支出规模与外贸水平的交互项以及地方政府财政支出规模与外资规模的交互项后，模型中的地方政府财政支出规模、外贸水平系数均为正，两个交互项系数也均为正，说明在西部地区地方政府的财政干预会促进外资规模和进出口贸易的发展，对民生发展有促进作用。

表6-5　　　　中、西部地区稳健性检验结果

变　量	中部地区			西部地区		
	固定效应	系统广义矩估计		固定效应	系统广义矩估计	
	模型（16）	模型（17）	模型（18）	模型（19）	模型（20）	模型（21）
L.inclu		0.034** (4.305)	0.023*** (0.000)		0.032*** (0.000)	0.021*** (0.000)
pfe	0.016*** (0.000)		0.085 (0. 092)	0.058*** (0.000)		0.074 (0.145)
lngovd	0.053 (0.51)	0.078 (0. 704)	0.094* (0.055)	0.085*** (0.000)	0.071*** (0.000)	0.079*** (0.000)
$lngovd^2$	0.063 (0. 291)	0.064 (0.237)	0.084 (0.223)	-0.063 (0 254)	-0.086** (0.035)	-0.055** (0.025)
city	0.085 (0. 196)	0.055*** (0.000)	0.093** (0.04)	0.060*** (0.000)	0.092*** (0.000)	0.053*** (0.000)
trade	0.090 (0. 160)	0.042*** (0.000)	0.079* (0.046)	0.096 (0.490)	0.029 (0.078)	0.068 (0. 082)
fdi	-0.015** (0.007)	-0.073** (0.033)	-0.074 (0.223)	0.026 (0. 093)	0.067 (0. 182)	0.024 (0. 185)
pfe*fdi	0.091** (0.038)		0.042* (4.131)	0.055 (0.090)		0.087 (0.770)
pfe×trade				0.052 (0.238)		0.072 (0.084)
常数项	0.082** (0.036)	0.071 (0. 433)	0.047** (0.019)	0.098*** (0.000)	0.057* (0.024)	0.078* (0.046)
样本数	80	72	72	120	108	108
R^2	0.275			0.287		
F	31.454***			35.756***		
AR（1）		0.007	0.005		0.004	0.008
AR（2）		0.443	0.676		0.571	0.661
Hansen		0.693	0.624		0.436	0.528

6.4 研究结论

中国地方政府债务是以政府为担保的通过地方政府融资平台形成的债务，债务融资决策往往受地方政府促进经济发展或满足官员晋升需求的影响，从而造成地方政府债务低效率和无序扩张的现象。为了改变这种现状，可以把以民生发展为导向嵌入到地方政府债务管理中，以是否促进民生发展来动态评估地方政府债务规模扩大的效果。本章研究结果显示，无论是在全国发展层面还是在区域发展层面，地方政府财政支出规模和地方政府债务规模对地区经济发展、增进社会福利和改善民生都具有重要作用。其中就全国层面而言，地方政府债务规模与地区民生发展显著呈倒“U”形关系，且存在一个适度的地方政府债务规模，若达到这个规模即可实现地方政府债务对地区民生发展水平提高的最优效果。研究还发现在东、西部地区，地方政府债务规模与地区民生发展水平呈现显著倒“U”形关系，而在中部地区并不显著，地方政府债务规模扩张对推动中部地区民生发展水平具有较强的惯性。

本章提出的建议有：

（1）从实证结果来看，站在全国的角度，地方政府债务和民生发展呈倒“U”形关系。因此地方政府要在风险可控的范围内举借债务，不能为了实现民生发展盲目发债，要努力寻求一个最优的地方政府债务规模，以实现财政压力和民生发展的均衡。地方政府适度举债有一定的必要性和合理性，倘若地方政府期望提高当地的民生水平，可以通过举借债务的方式将适当的资金投入民生领域，但是，我们要注意把握地方政府债务规模和民生发展二者之间的关系。在管理地方政府债务的过程中，地方政府应将其是否能推动民生质量提升纳入监管中。如果地方政府举借债务可以促进民生发展，那么这笔债务资金就达到了实现有效配置的目的；反之，如果地方政府举借债务不利于民生事业的发展，那么在此情况下，地方政府就该努力将地方政府债务规模控制在合理的范围内。只有这样，才可以改变地方政府债务低效的困境。

（2）中国幅员辽阔，人口总量较大，因此实现中国区域间的均衡发展，是有很大现实意义的。为此，中央要加强宏观调控，统筹协调各区域经济与社会发展，依照各地经济发展能力和偿债能力的不同，限定各地不同的债务限额，以最大化各区域的民生水平，缩小区域间的民生差距。各地方政府不能只关注当地经济的增长，而忽视民生建设的重要性，在制定和规划政策时应积极听取广大民众的利益诉求和反馈意见，增强民生建设的导向性。

（3）单纯依靠地方政府自觉控制和市场约束地方政府债务风险，是极其困难的。如果不对地方政府举借债务行为进行约束和监督，就有可能出现地方政府债务过多的局面，甚至可能导致债务危机，不利于经济秩序的正常建立。因此，要加大对债务的管理力度，严格规范举债行为，提高债务资金的使用效率，完善债务支出的效率评价体系，加强对地方政府债务的监管，提高资金审批、使用和效果的透明度接受有关部门和大众的监管，实现宏观调控和微观监管的有效配合与相互促进。

（4）在现行的分税制体制下，在进行地方政府债务的绩效管理的工作中，要考虑改善民生质量这一因素。不能盲目发行地方政府债券，要在考虑社会发展需求和民生发展的基础上，举借政府债务，在发行地方政府债券时要保持一定的谨慎性。这种谨慎性可有效降低资金错配和债务违约情况的发生概率，地方政府应该在考虑民生发展的基础上，配置债务资金。同时，地方政府在使用债务资金的时候，应该统筹考虑当地经济水平、民生质量、财政状况等多种因素，使其对民生各领域的支出都可以达到一个合理并且科学的水平。民生是一个“有机体”，我们要统筹协调，以促进民生各个领域的有效发展，任何一个方面出现短板都不利于中国民生水平的提高。将地方政府债务过多地投入到任何一个方面，都容易造成民生水平改善的边际效用递减。所以要因地制宜，考虑各省区的特殊性，采取均衡的资金支持方式，适当地分配民生各方面的资金投入，以促进民生水平的改善。

7　地方政府债务与企业债务水平

7.1　引言

近年来，各国债务危机频发，地方政府债务和企业债务问题引起社会热议。说起中国地方政府债务，不得不提2008年的全球金融危机，当时的经济萎靡不振，为刺激经济复苏，缓解经济受到的重创，国务院推出了“四万亿”投资计划——中央负责提供资金的29.5%，而地方政府负责筹措其余的资金，自此，中国地方政府债务迅速增加。政府杠杆率和企业杠杆率不断提高，逐渐形成一种通过增加债务促进经济增长的发展模式，截至2019年10月16日，中国城投债的规模比2018年增加了约700亿元人民币。但债务水平较高不适合中国现阶段实现经济高质量发展的目标，其可能引发的金融风险对中国经济社会发展来说非常不利。

从微观来看，中国企业的债务融资规模占其总融资规模的一大半，甚至有的企业占到80%以上；从宏观来看，中国金融部门的贷款规模和企业的债务融资规模占社会总融资规模的比重达85%。据统计，中国企业的负债率为115%，而发达国家企业的负债率却在90%左右，中国企业的负债率远高于世界平均水平。企业是决定中国生产竞争能力提升的主要部门，然而巨额的企业债务会阻碍企业的健康发展。如果不能有效降低企业的杠杆率，那么企业沉重的债务负担，会对其经营效率产生很大的负面影响。尽管中国政府力图采取一系列政策措施缓解企业债务负担沉重的局面，但中国企业的高杠杆率问题依旧十分严峻。

不合理的债务负担无疑会对其债务承担主体带来债务风险，从公共投资的角度来看，地方政府将筹措的债务资金用于政府公共支出，在一定程度上会对私人部门的投资产生挤出效应，影响私人部门的融资策略，提高实体经济的杠杆率。从金融学的角度来看，地方政府负债会加速影子银行的发展，进而提高企业的融资成本，提高企业的负债率。面对复杂而严峻的内外部环境，在2015年，中国实行供给侧结构性改革，将“去杠杆”作为改革的内容之一。2018年，中央财经委员会提议把地方政府、非金融企业都列入去杠杆的范围之内。

从以上分析中可以看出，地方政府债务或企业债务都对中国经济的健康运行起着至关重要的作用。地方政府债务究竟会对企业杠杆的提升产生多大的影响，是我们关心的问题。因此，分析地方政府债务和企业债务的关系及其影响机制，对解决存在的问题有着重要的意义。鉴于此，本章通过理论分析和建立实证模型，将2006—2015年283个地级市层面的经济数据与上市公司的非金融企业进行匹配，采用系统广义矩估计模型加之差分广义矩估计模型，考察政府债务和企业债务的关系及其传导机制，以期丰富已有的研究，试图对文献有所补充或者贡献。

本章主要由六个部分组成：第一部分是引言，介绍了选题的背景和意义，简要总结了中国政府债务水平和企业债务水平的现状，并强调了研究二者关系的意义。第二部分是文献综述，从影响企业债务水平的因素和企业债务水平对企业研发的影响两个角度对相关文献进行了回顾和总结。第三部分是特征事实和研究假说，分析了中国企业债务水平的现状，并在理论分析的基础上提出了实证假设，即政府债务水平的提高会对企业债务水平产生挤出效应。第四部分是实证检验，主要介绍了本章的数据来源，并解释了各种变量的定义。然后通过回归分析，验证了本章的研究假设。在此基础上，进行了鲁棒性检验，检验了基本估计结果的鲁棒性。在对整个样本进行划分后，进行了异质性分析，从不同角度考察了政府债务水平与企业债务水平之间的关系。另外，我们还探讨了二者之间的影响机制。第五部分是结论与政策启示，对前面的内容进行了总结，并提出相关建议。

7.2 文献综述

7.2.1 影响企业负债水平的因素

企业的负债水平不仅仅是反映企业资产结构和融资结构的财务指标，而且是衡量企业负债风险的重要指标。中国的现有研究主要从金融体系不完善、闲置资金的结构性错配、全球金融危机、经济增长模式、企业技术创新和地方融资平台等角度对企业的负债水平进行了深入研究。从企业自身的角度来看，李博阳等（2019）提出，企业的短期金融资产会降低企业杠杆率，与国有企业相比，这种抑制作用在民营和中小企业中更为明显。然而，企业的长期金融资产会提高企业的杠杆率，这种促进作用对国有企业更为显著。从财政政策的角度来看，李建军等（2018）提出，税收和财政补贴会对企业的杠杆率产生影响，据此可以通过减税降费、深化体制改革等措施来降低企业过高的杠杆率。从企业外部因素的角度来看，王桂虎（2017）认为经济的快速增长和贷款利率水平对非金融企业的杠杆率起到负向的影响。赵宇（2019）认为，官员的晋升会影响到当地企业的负债率，而且随着地区官员晋升激励的不断加大，当地的企业负债率也会不断加大，并且官员的竞争激励会使得企业资产负债率水平逐渐偏离目标，长此以往，会拉高企业的资产负债率。蒋灵多等（2018）认为银行对中国国有企业实施了预算软约束，进而对国有低效率企业进行了保护，不利于中国国企中僵尸企业的退出。而对于这一问题，张杰（2019）认为，在中国，银行的竞争对企业负债率的影响呈倒“U”形，即在银行竞争不算强烈，没有超过临界值时，银行的竞争对企业的杠杆率有正向的影响，而一旦超过了竞争的临界值，银行的竞争就会对企业的负债率产生负向的影响。从企业的异质性角度来看，银行的竞争会增加国有企业的杠杆率，但是对民营企业的影响呈倒“U”形。

李丰团（2018）认为，中国非金融企业杠杆率居高不下的原因主要有以下几点：恶化的经济环境、不完善的金融体系、闲置资金的结构性错配导致的国内流动性过剩。对此，他提出中国应加快推进企业的兼并重组并发展债转股，以降低非金融企业的债务规模。唐建伟（2008）则认为中国企业杠杆率过高主要是因为以前不合理的经济增长模式，为了解决这一问题，中国应转变经济发展理念，淡化对地区生产总值指标的追求，促进经济转型。于博（2017）从企业技术创新的角度出发，认为技术创新能够增强企业的竞争力，从而使得企业更有能力调整资本结构。他还提出技术创新会对杠杆不足的企业起到加杠杆的作用，而对杠杆过高的企业起到去杠杆的作用，因此通过机动地调整企业的杠杆率水平，可以提升企业甚至整个行业的创新能力，促进微小企业去杠杆。杨小静等（2017）则从中国地方融资平台的角度考察国有企业杠杆率高的原因，认为要想解决去杠杆的问题不能仅仅局限于解决国有企业高债务的问题，而是要加快深入进行国有企业改革，创建更为公平的市场融资环境。林晚发等（2019）认为中国经济处于下行期，银行信贷的扩张提高了中国非金融企业的杠杆率，也加剧了国有企业和民营企业在此问题上的异质性，民营企业融资难的问题日渐凸显，因此在去杠杆的同时，要关注不同性质企业的困境，调整企业间不平衡的杠杆率水平才是解决中国当前企业杠杆率问题的所在。

7.2.2 企业债务水平对企业研发的影响

在关于企业杠杆率对企业的创新和研发投资的影响这一问题上，学者们表达了不一致的看法。林钟高等（2011）提出，如果一个企业的负债率太高，会减少研发投入，减弱研发投资对企业产生的积极作用，这种现象在非国有企业尤为明显。王玉泽等（2019）认为，企业杠杆率和企业创新之间不仅仅是一种简单的抑制关系，二者存在倒“U”形的非线性关系。也就是说企业负债率存在一个转折点，当企业的负债率水平低于这个转折点时，企业的创新投入和产出会随着负债率的上升而增加；当企业的负债率超过这一转折点时，企业负债率的增加反而会抑制企业的创新投入和创新产出。他们还提出，如果长期杠杆率可以被控制在一个合理的范围内，与短期杠杆率相比，能更有效地促进企业的创新投入和创新产出。据此，他们建议要区别对待不同行业和不同规模的企业的杠杆率水平，企业应根据其自身的情况将杠杆率水平控制在合理的范围内。

7.3 特征事实和研究假说

7.3.1 企业债务水平的现状

根据国际清算银行公布的数据，中国非金融部门的债务规模在2008—2016年间扩张了近3倍，非金融部门的杠杆率从141.3%提高至255.3%。而在此期间，美国的非金融部门的债务规模仅扩张了33%左右，非金融部门的杠杆率从239.6%提高至251.7%。通过对比可知，尽管中国非金融部门的债务规模小于美国，但中国非金融部门的杠杆率已经超过美国。可见，中国非金融部门不仅存在整体杠杆率极高的问题，而且杠杆率增长得也很迅速。

目前，从总量上看，尽管中国的整体杠杆率低于世界平均水平，但是企业杠杆率远高于世界平均水平。中国企业的杠杆率问题体现为结构性问题，非金融企业的杠杆率是导致中国总体杠杆率偏高的原因之一，这主要集中在国有企业上。

为了更直观地考察样本期间中国非金融企业的杠杆率水平，我们将2005—2017年间中国企业总体的负债率、国有企业的负债率以及民营企业的负债率用图形来描绘。从图7-1中可以看到，中国企业的总体负债率从2006年到2016年有所回落，但从2016年到2017年又有所回升。按企业性质进行划分后，可以发现，民营企业的负债率整体呈下降趋势，在2011年小幅度上升后，到2014年以后呈下降趋势。在图7-1中还可清晰地辨别出，近年来中国非金融类上市公司负债率明显偏高的主要原因在于国有企业负债率的升高。

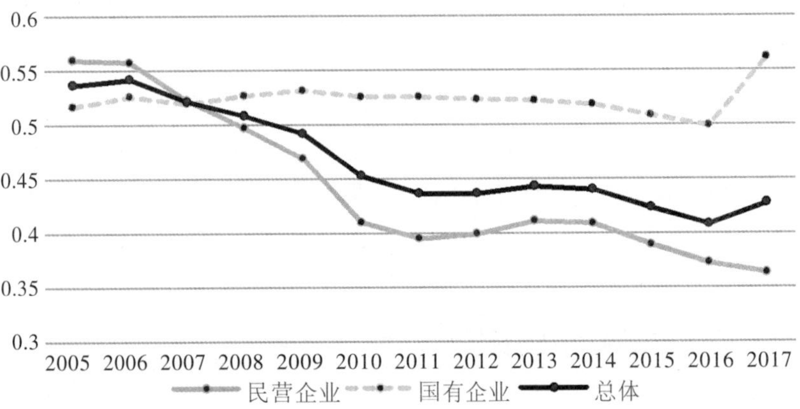

图 7-1 企业负债率水平趋势图

资料来源：根据wind数据库整理。

7.3.2 研究假说

地方融资平台公司的发行和偿债主体虽然是企业，但它在本质上有地方政府财政的隐性担保，所以金融机构往往会认为地方政府会对债务偿还担负起兜底的责任。截至目前，中国还没有发生过地方政府债务违约的事件，然而商业银行的不良贷款率在不断提升。面对稀缺的信贷资源，资金的供需双方本着互利互惠的原则，金融机构在考虑风险等因素后会倾向于向政府或地方融资平台公司发放贷款，政府或地方融资平台公司就有更大的可能以更加优惠的贷款利率获得银行贷款（魏志华等，2012）。所以企业被迫只能提高收益率吸引潜在的债券投资者，从而提高企业发行债券的成本，使得企业不敢轻易扩大债券发行规模。基于上述分析，我们提出以下假说：一地区的地方政府债务水平会对企业债务水平产生挤出效应。

7.4 实证检验

7.4.1 模型的构建

本节旨在研究地方政府债务水平对企业债务水平的影响，基于此，根据已有的相关研究和理论分析，我们将被解释变量用企业负债水平代替，解释变量用政府负债水平代替。由于企业的负债水平受到多个因素的影响，故将一系列影响因素作为控制变量放在模型中，以此来剔除其他因素对被解释变量的影响，可更准确地估计出政府负债水平对企业负债水平的影响。基于以上分析，我们构建了以下基准模型：

$$leverage_{ict} = c + \beta 1 Ctz_{ct} + \gamma Control_{it} + \delta_i + \theta_t + \varepsilon_{ict} \quad (7-1)$$

其中，下角标i，t，c分别为企业、年份和城市。leverage为企业负债水平，Ctz为地方政府债务水平。地方政府负债水平用城市c发行的城投债总额占城市c的地区生产总值的比重来表示。Control代表控制变量，具体有企业净资产收益率、公司规模、企业净利润、企业最大股东持股比例、前十位股东持股比例等影响企业负债水平的一系列变量。δ_i和θ_t分别为企业固定效应和时间固定效应。ε_{ict}为干扰项。

考虑到本年度的企业负债水平会对下一年度企业负债水平产生一定的影响，故我们将企业负债水平做一阶滞后处理，加入到计量模型中。同理，本年度的地方政府债务水平通过机制传导也会对下一年度的企业债务水平产生影响，故本章也将地方政府债务水平做一阶滞后处理后，作为控制变量放在模型中。故本章又建立动态面板回归模型，如式（7-2）：

$$leverage_{ict} = c + \alpha leverage_{ic,\ t-1} + \beta 1 Ctz_{ct} + \beta 2 Ctz_{c,\ t-1} + \gamma Control_{it-2} + \delta_i + \theta_t + \varepsilon_{ict} \quad (7-2)$$

其中，$leverage_{ic,\ t-1}$为企业债务水平的一阶滞后项，$Ctz_{c,\ t-1}$为地方政府债务水平的一阶滞后项。其他与式（7-1）一样，故不再赘述。考虑到本节的解释变量和被解释变量都有一定的滞后性，即企业当期的负债水平会在一定程度上影响下一期甚至几期的企业负债水平。或者，政府当期的债务水平也会在一定程度上影响下一期甚至几期的政府债务水平。所以，本节运用系统广义矩估计、差分广义矩估计，以期在一定程度上缓解模型中存在的内生性问题。

7.4.2 变量选取和数据来源

（1）变量选取

被解释变量：企业债务水平用企业总负债占总资产的比重来表示。经济学中的杠杆率分为微观杠杆率和宏观杠杆率，而本节研究的是微观个体企业的负债情况，故选用微观杠杆率。微观杠杆率指的是企业或者居民等微观个体，通过借债融资的方式，在自身拥有资本比较少的情况下，达到控制较大规模资本的目的。

解释变量：地方政府债务水平用地方发行的城投债规模占地区生产总值的比重加以表示。本节考察的是地级市层面，考虑到地级市层面的政府债务数据获得的有限性及债务度量的复杂性，故本节借用地级市层面的城投债数据，衡量地方政府的债务水平。

控制变量：鉴于影响被解释变量企业负债水平的因素很多，为了能合理地估计地方政府债务水平对企业债务水平的影响，在参考相关研究后，现将以下几个变量选为控制变量：企业负债、地方政府负债、净资产收益率、公司规模、现金流量水平、第一大股东持股比例、股权集中度、产权性质。

本章将被解释变量、解释变量以及控制变量都进行了1%的缩尾处理。变量的具体定义说明如表7-1所示：

表7-1 **所用变量定义表**

变量名称	代码	详细说明
企业负债	leverage	总负债/总资产
地方政府负债	Ctz	地方城投债规模/地区生产总值
净资产收益率	roe	净利润/总资产
公司规模	lnzc	企业总资产，取对数处理
现金流量水平	cf	（净利润+折旧和摊销）/总资产
第一大股东持股比例	top	第一大股东的持股数量/企业总股数
股权集中度	herf	前十大股东持股数量/企业总股数
产权性质	gssx	虚拟变量，国有企业取1；反之取0

（2）数据来源

企业相关的数据：为确保数据的完整和准确，这里选用wind数据库中的所有上市公司作为企业的研究样本，这具有一定的代表性，因为上市公司比非上市公司更具有融资优势，更易受到地方政府债务水平的影响，且越来越多的非上市公司逐渐成为上市公司，故选用上市公司作为企业的研究样本是合理的。参考已有的研究文献，这里剔除了一些样本，包括B股、新三板、金融类上市公司、异常的数据。

地级市层面的政府债务水平数据：这里借鉴并选用毛捷等（2019）在期刊《财贸经济》官网上公开分享的新口径城投债数据，来自2006—2015年中国地级市层面的新口径的城投债基础数据库。这套新口径的城投债数据克服了以往wind数据库城投债数据存在的以下问题：第一，wind数据库对城投债的定义模糊不清且经常变动，导致在不同时点从wind数据库导出的城投债数据差异巨大。第二，wind数据库中的城投债数据缺失相关债券的发行信息。第三，wind数据库的城投债数据中有106家不真实的地方融资平台的债券发行信息。第四，wind数据库中的城投债数据遗漏了659家地方融资平台的债券发行信息。新口径的城投债数据弥补了上述wind数据库中城投债数据的不足，因而新口径城投债数据库是一套科学、完整、高质量的数据库，为研究地方政府债务问题提供了很大的帮助。

故我们的研究样本包含2006—2015年期间的沪深两市A股上市公司，这些上市公司的相关数据来自wind数据库；地级市发行的城投债数据来自毛捷等（2019）构建的新口径城投债基础数据库；地级市层面的相关数据，则来自历年的《中国城市统计年鉴》。

7.4.3 实证结果与分析

（1）基准回归分析

①静态面板模型

在对模型进行回归时，我们采用逐步加入控制变量的方法，表7-2列（1）、（2）所展示的是固定效应模型的回归结果。其中，列（1）中只引入地方政府负债水平这一解释变量。从回归结果可以看出，在不控制其他变量后，地方政府债务水平对企业债务水平的弹性系数为-1.041，即地方政府债务水平每增加1%，相应的企业债务水平减少1.041%，并在1%的水平上统计显著。列（2）是加入了一系列的控制变量后进行回归得到的估计结果，从回归系数的数值上来看，地方政府债务水平和企业债务水平之间的弹性系数为-0.232，并且在1%的水平上显著，表示地方政府负债水平每增加1%，相应的企业债务水平减少

0.232%。也就是说随着地方政府债务水平的增加，企业的债务水平会减小，这一回归结果与我们前面的基础假说相符合。

列（3）和列（4）为随机效应的回归结果，从列（3）可以看出，在不加入控制变量时，地方政府债务水平和企业债务水平在1%的水平上显著为负，估计结果为-0.957。列（4）在列（3）的基础上加入了一系列相关的控制变量后，二者的相关性依旧呈现显著为负的关系，只是估计系数的值发生了变化。我们可以拒绝原假设，由此我们选择固定效应模型，保证估计结果更为有效。

表7-2　　固定效应模型及随机效应模型的回归结果

变量	(1) felev	(2) felev	(3) relev	(4) relev
Gnewdebet1	-1.041*** (0.0755)	-0.232*** (0.0831)	-0.957*** (0.0728)	-0.431*** (0.0784)
roe		-1.32e-05* (6.73e-06)		-1.40e-05** (6.81e-06)
lnzc		0.0215*** (0.00201)		0.0349*** (0.00174)
cf		-0.519*** (0.0216)		-0.574*** (0.0214)
top		0.00145*** (0.000205)		0.00164*** (0.000177)
herf		-0.00281*** (0.000151)		-0.00307*** (0.000138)
Constant	0.479*** (0.00134)	0.131*** (0.0433)	0.474*** (0.00374)	-0.158*** (0.0377)
Observations	19 261	11 858	19 261	11 858
Number of id2	2 406	1 901	2 406	1 901

注：*、**、***分别表示在10%、5%、1%的水平上显著；括号中的数值是标准误。

②动态面板模型

前面已经分析过，被解释变量企业债务水平和解释变量地方政府债务水平之间可能存在反向因果关系，且可能存在一定的滞后影响，因此为了缓解使用简单静态模型导致的估计偏误，这里对被解释变量以及解释变量作一阶滞后处理，然后加入到原有模型中，同时运用系统广义矩估计模型、差分广义矩估计模型进行估计。

采用差分广义矩估计的结果在表7-3列（1）中显示，采用系统广义矩估计的结果在列（2）中显示。从列（1）中可以看出，差分广义矩估计下的地方政府负债水平对企业负债水平的影响在5%的水平上显著为负，估计结果为-0.684；列（2）显示，系统广义矩估计下的地方政府负债水平对企业负债水平的影响在1%的水平上显著为负，估计结果为-0.617。两项估计结果较为接近，具有一定的稳健性，可证明地方政府负债水平的确对企业负债水平有显著的负向影响，即地方政府负债水平的增加会抑制企业的负债水平。不论是在差分广义矩估计中还是在系统广义矩估计中加入企业负债水平的一阶滞后项，企业前一期的负债水平都在1%的水平上显著影响企业当期的债务水平，且二者呈现正相关关系，这一估计结果与已有研究的结果一致，即企业的负债水平具有一定的滞后性，企业前一期的负债水平会增加企业当期的负债水平，这也在一定程度上说明了模型设定和估计结果的合理性。另外，通过观察AR（1）以及AR（2）的结果，可以发现，无论是差分广义矩估计，还是系统广义矩估计都可以通过残差项二项不相关检验。故采用差分广义矩估计和系统广义矩估计得出的地方政府债务水平和企业债务水平的估计结果是有效并且稳健的，可以在一定程度上克服模型存在的内生性问题。

表7-3　**差分广义矩估计和系统广义矩估计的回归结果**

变量	(1) DIF-GMM lev	(2) SYS-GMM lev
L.lev	0.792*** (0.0850)	0.790*** (0.0352)
Gnewdebet1	-0.684** (0.330)	-0.617*** (0.236)

续表

变量	(1) DIF-GMM lev	(2) SYS-GMM lev
L.Gnewdebet1	-1.262*** (0.373)	-1.329*** (0.281)
lnzc	0.0659*** (0.0137)	0.0684*** (0.0114)
L.lnzc	-0.0409*** (0.0140)	-0.0354* (0.0189)
L2.lnzc	-0.0114 (0.0214)	-0.0164 (0.0205)
cf	-0.777*** (0.0601)	-0.701*** (0.0465)
L.cf	0.00963 (0.0842)	0.0648 (0.0546)
L2.cf	-0.114 (0.0962)	-0.115 (0.0841)
top	0.00216*** (0.000571)	0.00285*** (0.000618)
L.top	-0.000527 (0.000524)	0.00178 (0.00132)
L2.top	-0.00542** (0.00237)	-0.00455** (0.00188)
herf	-0.00440*** (0.000416)	-0.00422*** (0.000429)
L.herf	0.00284*** (0.000586)	0.00204** (0.000794)
L2.herf	0.00283** (0.00114)	0.00200* (0.00116)
Constant		-0.195*** (0.0629)
AR（1） AR（2） Hansen	0.0000 0.551 0.270	0.0000 0.509 0.056
Observations	7 548	9 178
Number of id2	1 611	1 620

注：*、**、***分别表示在 10%、5%、1%的水平上显著；括号中的数值是标准误。

7.4.4 稳健性检验

（1）替换解释变量

用地方政府债务规模除以地区生产总值表示地方政府债务水平，这样的定义方法能较为科学地衡量当地政府的债务水平。但存在的一个问题：企业债务水平也会受到地区生产总值的影响，故应将地方政府债务水平的代理变量替换为地方政府债务规模，即单纯考察地方政府债务规模对企业债务水平的影响，排除地区生产总值对其的影响，以期获得更加准确的估计结果。地方政府债务规模用取对数形式的地级市层面的城投债数据（lnnewdebt1）表示，依旧利用系统广义矩估计，从表7-4所示的相关估计结果，我们可以发现，地方政府债务规模的估计系数为-0.0164，其绝对值小于前面基准回归的估计结果，但依然在1%的水平上显著为负，进一步说明了基准回归估计结果的稳健性。

表7-4　　**地方政府债务规模对企业债务水平的影响**

变量	(1) 替换解释变量 lev	(2) 剔除副省级城市 lev
L.lev	0.793*** (0.0551)	0.776*** (0.0528)
Gnewdebet1		-0.922*** (0.348)
lnnewdebt1	-0.0164*** (0.00333)	-1.468*** (0.399)
roe	-1.95e-05 (4.03e-05)	-8.73e-06 (1.40e-05)
L.roe	-2.57e-05*** (9.62e-06)	1.81e-05 (3.34e-05)
L2.roe	-3.79e-05*** (9.86e-06)	5.23e-05 (8.24e-05)
lnzc	0.0804*** (0.0134)	0.0637*** (0.0143)
L.lnzc	-0.0264 (0.0260)	-0.0442** (0.0213)

续表

变量	(1) 替换解释变量 lev	(2) 剔除副省级城市 lev
L2.lnzc	-0.0401 (0.0248)	-0.000444 (0.0278)
cf	-0.710*** (0.0597)	-0.815*** (0.0602)
L.cf	0.0563 (0.0750)	0.0728 (0.0765)
L2.cf	0.0573 (0.143)	0.0664 (0.131)
top	0.00301*** (0.000738)	0.00333*** (0.000826)
L.top	0.00152 (0.00166)	5.01e-05 (0.00156)
L2.top	-0.00422* (0.00228)	-0.00310 (0.00237)
herf	-0.00373*** (0.000511)	-0.00464*** (0.000524)
L.herf	0.00319*** (0.00118)	0.00277*** (0.001000)
L2.herf	-0.000133 (0.00156)	0.00175 (0.00145)
Constant	0.0642 (0.0776)	-0.248** (0.0979)
Observations	6 884	5 050
Number of id2	1 587	992

注：*、**、***分别表示在10%、5%、1%的水平上显著；括号中的数值是标准误。

(2) 剔除副省级城市

这里考察的是地级市层面的政府债务水平，在考察的283个研究样本中，有广州市、大连市等15个副省级城市，我们知道，副省级城市不仅行政级别比其他地级市高，其通常还具备着更高的经济发展潜力、城市建设水平以及人才吸引力。副省级城市和一般城市固有的经济方面的特征，会对估计结果造成一定的偏误，为了获得更加稳健的估计结果，我们在研究样本中剔除位于副省级城市的样本企业，重新估计地方政府债务水平对企业债务水平带来的影响，同样用系统广义矩估计对样本进行回归。估计结果如表7-4列（2）所示，我们发现地方政府债务水平仍然对企业债务水平有显著的负向影响，系数值为-0.922，依然在1%的水平上显著为负，这和我们的估计结果近乎一致，由此可证明前面的基准估计结果是可靠的。

（3）加入工具变量

为了保证实证研究结果的可靠性，在进行估计时，我们尽可能地在计量模型中加入了一系列可能影响被解释变量的控制变量，但是仍然可能存在一些难以加入回归模型的因素，比如政府的税收政策、政府补贴等因素都会影响企业的融资结构，进而影响企业的债务水平。为了减少因此可能产生的内生性问题，我们选用国防支出规模（lngf）作为地方政府债务水平的工具变量，因为国防支出与地方政府债务水平具有相关性，虽然国防支出规模并不完全意义上是外生的，但是其受到宏观经济环境变化的影响极小，所以是一个较为合适的工具变量。表7-5展示的是我们在模型中加入了工具变量之后的回归结果，列（1）为一阶段回归结果，从估计结果可以发现，加入的工具变量国防规模在1%的水平上对地方政府债务水平有显著影响，二者存在正向关系。从列（2）二阶段回归结果上来看，在加入了工具变量国防规模后，核心解释变量地方政府债务水平对企业债务水平的影响在5%的水平上显著为负，即地方政府债务水平对企业债务水平有挤出效应，这与前面基准回归的估计结果一致，说明地方政府债务水平的确对企业债务水平有显著的挤出效应，企业债务水平会随着地方政府债务水平的增加而降低。

表7-5　　　　**加入工具变量的回归结果**

变量	（1） 一阶段回归 Gnewdebet1	（2） 二阶段回归 lev
L.lev	-0.00314^{***} （0.000791）	0.793^{***} （0.00867）

续表

变量	(1) 一阶段回归 Gnewdebet1	(2) 二阶段回归 lev
lngf	0.00111*** (0.000234)	
Gnewdebet1		-2.984** (1.239)
roe	4.60e-07 (6.13e-07)	-1.42e-05* (7.83e-06)
lnzc	0.00184*** (0.000144)	0.0254*** (0.00266)
cf	-0.0173*** (0.00278)	-0.632*** (0.0353)
top	-1.43e-05 (1.40e-05)	0.000769*** (9.83e-05)
herf	6.98e-06 (1.33e-05)	-0.00129*** (9.58e-05)
Constant	-0.0353*** (0.00393)	-0.335*** (0.0373)
Observations	11 834	11 834
R-squared	0.020	0.758

注：*、**、***分别表示在 10%、5%、1%的水平上显著；括号中的数值是标准误。

7.4.5 异质性分析

(1) 分地区回归

中国地域辽阔，各区域不论是在经济水平，还是在产业结构上都有很大不同，为了进一步分析地方政府债务水平对于企业债务水平的影响，参考已有研究的常规划分方法，把中国地级市划分三个部分，即东部、中部和西部，相关估计结果如表7-6所示。

表7-6列（1）、(2)、(3）依次为对东部地区、中部地区和西部地区政府债务水平与企业债务水平的回归结果。从回归结果上看，在东部地区和中部地区，政府债务水平与企业债务水平呈现负相关关系，且分

别在1%和在5%的水平上显著为负，这与前面未进行分组回归的估计结果相一致，即随着地方政府债务水平的增加，企业的债务水平会随之减少。而在西部地区，地方政府债务水平和企业债务水平的关系则在5%的水平上显著为正，估计结果系数为0.802，即西部地区政府债务水平每增加1%，会引起企业债务水平增加0.802%。

从数值上来看，东部和中部地区政府债务水平的回归系数的绝对值相差很小，二者回归系数的绝对值要高于西部地区，从这个角度上来讲，西部地区政府债务水平对企业债务水平的影响小于中东部地区。

对于这一结果，我们猜测可能存在如下原因：

首先，Demirguc Kunt和Maksinovic（1996）提出，如果一个地区的证券市场越发达，那么这个地区的企业会越乐于进行股票融资；反之，企业会更热衷于债务融资。中国西部地区的经济欠发达，证券市场的发达程度远不及东部和中部地区，所以，中国西部地区的企业可能更倾向于债务融资，在这种情况下西部地区企业债务水平受到地方政府债务水平的影响更大，与我们估计的结果相反。

其次，为了解释这一现象的原因，在查阅了大量相关的学术文献后，我们发现，在分析一个企业所面临的融资环境时需要考虑其受到的政策影响，否则会产生很大的偏误，甚至得到完全相反的估计结果。这些政策包括企业所在地区受到的扶持政策和企业所处行业受到的扶持政策等。基于此，我们在经过查阅大量资料后发现，2008年的全球金融危机，对中国的经济和民众生活造成了很大的影响，为了缓解全球金融危机对中国造成的冲击，中国自2009年出台了十大产业振兴规划，而这些政策中的一个重要特点就是政策向西部地区和弱势行业及群体倾斜。谢里和张斐（2018）研究发现，2008年的“四万亿”投资计划相较于东部和中部地区而言，对西部企业的杠杆率有比较大的正向影响，使得在2008年到2010年这一时间段内，西部地区企业的负债水平有比较大的提升。在2011年，中国对西部地区的扶持力度进一步加大，大力推进了西部地区的经济发展，大大改善了西部地区的融资环境，但这也提高了2011年到2015年西部地区的企业负债水平。我们认为这些就是西部地区融资约束减轻，从而受到地方政府债务水平影响小于东部和西部地区的原因。

表7-6 分地区回归

变量	(1) 东部地区 lev	(2) 中部地区 lev	(3) 西部地区 lev
L.lev	0.615*** (0.0489)	0.802*** (0.0480)	0.796*** (0.0677)
Gnewdebet1	-1.225*** (0.287)	-0.965** (0.423)	0.802** (0.355)
L.Gnewdebet1	-1.776*** (0.298)	-1.316*** (0.420)	-1.451*** (0.387)
roe	-2.76e-05*** (8.91e-06)	-2.96e-05 (5.03e-05)	2.66e-05* (1.48e-05)
L.roe	-4.46e-05*** (1.30e-05)	-4.26e-05 (8.45e-05)	2.03e-05 (2.27e-05)
L2.roe	-6.92e-05*** (2.09e-05)	-0.000115 (0.000168)	5.29e-05 (5.67e-05)
lnzc	0.0988*** (0.00478)	0.0197** (0.00960)	0.0725*** (0.0101)
L.lnzc	-0.0458*** (0.0142)	0.00649 (0.0187)	-0.0719*** (0.0244)
L2.lnzc	-0.0197 (0.0155)	-0.00807 (0.0255)	0.0160 (0.0291)
cf	-0.771*** (0.0267)	-0.661*** (0.0475)	-0.632*** (0.0518)
L.cf	-0.0107 (0.0526)	0.0541 (0.0761)	-0.0327 (0.0747)
L2.cf	-0.131 (0.0975)	-0.217 (0.145)	-0.0385 (0.160)
top	0.00251*** (0.000407)	0.00215*** (0.000734)	0.00368*** (0.000785)
L.top	0.000216 (0.000964)	0.00291** (0.00144)	0.00224* (0.00131)
L2.top	-0.00221 (0.00135)	-0.00515** (0.00210)	-0.00653*** (0.00212)

续表

变量	(1) 东部地区 lev	(2) 中部地区 lev	(3) 西部地区 lev
herf	-0.00361*** (0.000376)	-0.00429*** (0.000513)	-0.00562*** (0.000489)
L.herf	0.00149* (0.000844)	0.00205** (0.000959)	0.00280** (0.00127)
L2.herf	0.00122 (0.00122)	0.00256** (0.00129)	0.00353** (0.00159)
Constant	-0.435*** (0.0794)	-0.232*** (0.0648)	-0.236*** (0.0775)
Observations	4 832	2 031	1 358
Number of id2	989	383	246

注：*、**、***分别表示在10%、5%、1%的水平上显著；括号中的数值是标准误。

（2）按企业性质回归

考虑到企业的产权性质会影响企业的融资约束和融资规模，故我们按照已有研究的常规做法，将企业分成两部分，即国有企业（中央和地方国有企业）和非国有企业。我们依旧采用系统广义矩估计对动态面板数据进行分组回归，结果如表7-7所示。从估计结果可以看出，地方政府债务水平对非国有企业政府的债务水平在5%的水平上显著为负，系数值为-0.8，但是对国有企业债务水平的影响不显著。在观察地方政府债务水平的一阶滞后项对国有企业的债务水平的影响时，我们发现，系数值为-0.696，并在5%的水平上显著为负，这说明地方政府债务水平对国有企业债务水平的影响存在明显的滞后性，即上一期的地方政府债务水平增加1%，会使得当期的国有企业债务水平显著减少0.696%。同时地方政府债务水平的一阶滞后项对非国有企业的债务水平依旧有显著影响，在1%的水平上显著为负，即无论是国有企业还是非国有企业，其债务水平都会随着前一期地方政府债务水平的增加而减少，这与前面不分样本时回归的基础结果相一致。

从估计系数进行分析，我们发现，无论是地方政府债务水平的当期项还是地方政府债务水平的一阶滞后项，它们与非国有企业的债务水平回归的估计结果的绝对值都要大于与国有企业的债务水平回归的估计结果的绝对值。也就是说，尽管地方政府债务水平对非国有企业和国有企业的债务水平均有负向影响，但是地方政府债务水平对非国有企业债务水平的影响要明显大于对国有企业债务水平的影响，非国有企业对地方政府债务更为敏感。我们认为这是因为A股非金融类上市公司中的非国有企业债务水平更易受到地方政府债务水平的影响，相较于国有企业，非国有企业更易受到金融市场的影响，所以会更容易被地方政府的举债行为挤出。

表7-7　　按企业性质划分的回归估计结果

变量名称	(1) 国有企业 lev	(2) 非国有企业 lev
L.lev	0.859*** (0.0378)	0.637*** (0.0502)
Gnewdebet1	-0.445 (0.286)	-0.800** (0.316)
L.Gnewdebet1	-0.696** (0.314)	-2.226*** (0.317)
roe	-4.68e-05 (9.37e-05)	-4.17e-06 (1.90e-05)
L.roe	-7.67e-06 (7.81e-05)	-4.27e-05** (1.88e-05)
L2.roe	-0.000168* (8.79e-05)	-3.44e-05* (1.89e-05)
lnzc	0.0490*** (0.00700)	0.0831*** (0.00538)
L.lnzc	-0.0231* (0.0139)	-0.0481*** (0.0154)
L2.lnzc	-0.0147 (0.0181)	-0.00439 (0.0178)
cf	-0.691*** (0.0433)	-0.742*** (0.0285)
L.cf	0.180*** (0.0574)	-0.0314 (0.0520)

续表

变量名称	(1) 国有企业 lev	(2) 非国有企业 lev
L2.cf	-0.153 (0.122)	0.00193 (0.0980)
top	0.000788 (0.000672)	0.00342*** (0.000448)
L.top	-0.000381 (0.00128)	0.00128 (0.000985)
L2.top	-1.01e-05 (0.00212)	-0.00421*** (0.00136)
herf	-0.00485*** (0.000464)	-0.00429*** (0.000323)
L.herf	0.00243*** (0.000793)	0.000648 (0.000759)
L2.herf	0.00214 (0.00141)	0.00286*** (0.000946)
Constant	-0.127*** (0.0422)	-0.397*** (0.0694)
Observations	3 484	4 737
Number of id2	606	1 012

注：*、**、***分别表示在10%、5%、1%的水平上显著；括号中的数值是标准误。

7.4.6 机制分析

通过前面的分析，我们发现地方政府债务水平与企业债务水平之间存在显著的负向关系，地方政府债务的增加会对企业的债务起到挤出效应。在这一部分，我们将对其具体的影响机制进行分析，即地方政府债务水平是通过哪些变量影响企业债务水平的。为了更加客观、清晰地探究可能存在的影响机制，我们采用实证与理论相结合的方法进行分析。

企业负债主要体现在企业向商业银行等金融机构贷款和发行企业债券两个方面。地方政府的负债行为会引起影子银行的高度扩张，会抬高在影子银行体系中的贷款利率，使得影子银行的贷款利率远高于商业银行的一般贷款利率，这就会在一定程度上挤出债务负担能力较弱的民营企业。企业债券融资的性质，会影响企业进行债券融资时所需要的条件，即发行债券的企业不仅要具备一定的规模和较好的信用等级，同时也要具备承担发债成本的能力。鉴于此，我们将从企业的信用等级和承担发债成本的能力两方面，分析地方政府债务水平对企业债务水平的影响机制。

首先，金融机构和个人投资者在投资时都会考虑投入资金所面临的风险，而到目前为止中国的政府债券并没有发生过实际的违约，即具有一种“刚性兑付”的性质，这对投资者来讲，无疑具有很大吸引力，然而，民营企业并没有这种优势。从深层次上来说，信用不仅会影响投资者的选择，还会进一步影响发债人的成本。杨国超和盘宇章（2019）通过实证研究认为，仅仅依赖法律等正式制度无法确保金融或经济的长期发展，信任等非正式制度在其中的作用不可或缺，信用不仅有助于提高信用评级，还有助于降低债券信用利差。信用还会通过提升公司财务报告质量间接地发挥作用，信用对债券评级和定价的积极作用在国有企业、位于金融业发达地区的企业以及发债次数多的企业更为显著，即投资者与发行人之间重复博弈的机会越多，信用的价值也就越大。受制于数据的可获得性，我们没有对此进行实证检验，但通过前面已有学者的研究可以发现，由于中国政府债务具有“刚性兑付”的特性，其被信任的程度要高于企业，尤其是远远高于民营企业。增加地方政府债券的发行可以通过信用这一渠道对企业尤其是民营企业的债券发行产生抑制效果，这也与我们前面的实证分析结果相符合，即地方政府债务水平的增加会减少企业的债务规模。

其次，从企业承担发债成本的角度来说，企业发债的成本具体体现在企业债券发行期限和债券利率上。我们为了验证地方政府债务水平对企业债券发行期限和债券利率产生的影响，将企业债券发行期限和债券利率分别作为因变量，将核心解释变量地方政府债务水平作为自变量，重新做回归分析，相关估计结果如表7-8所示。列（1）呈现的是地方政府债务水平对企业债券期限的估计结果，二者在1%的水平上显著为负，估计系数为-0.000320，这说明地方政府债务水平的增加会缩短企业债券发行的期限。列（2）呈现的是地方政府债务水平对企业债券利率的估计结果，二者也在1%的水平上显著为正，估计系数为0.183，这说明地方政府债务水平的增加会提高企业债券发行的利率。缩短企业债券发行期限和提高企业债券发行利率会增加企业发行债券所要承担的成本，也在一定程度上提高了企业发行债券所要承担的风险，故会对企业债券的发行产生一定的抑制效应。通过以上分析，可以得知，地方政府债务水平的增加主要是通过缩短企业债券发行期限和提高企业债券发行利率这两个渠道来实现的。

表7-8　地方政府债务水平对企业债券期限、利率影响的回归结果

变量	(1) Dzqqx	(2) pmrate
Gnewdebet1	-0.000320*** (2.76e-05)	0.183*** (0.0336)
Constant	2,579*** (421.8)	8.405*** (0.613)
控制变量	是	是
Observations	1 392	1 392
R-squared	0.395	0.407

注：*、**、***分别表示在10%、5%、1%的水平上显著；括号中的数值是标准误。

7.5　结论及政策启示

在推行供给侧结构性改革的背景下，我们利用2006—2015年地级市发行的城投债数据与企业基本情况数据相匹配形成的动态面板数据，对地方政府债务水平与企业政府债务水平进行考察研究，研究结果与理论分析和统计图表的显示结果相符合，即地方政府债务水平的升高会抑制企业债务水平的升高。为了考察其对中国不同区域的影响，我们将研究样本按照经济研究分类方法划分成中、东、西三个部分，分别对这三个区域进行分组回归，发现地方政府债务水平对东部和中部的企业债务水平有明显的负向影响，而对西部地区的企业的债务水平呈正向影响。这个估计结果与初步的理论分析结果不一致，在查阅相关文献并考察样

本期间出台的一系列政策后，我们发现，为了应对2008年的全球金融危机并扶持西部地区发展，中国提高了西部企业的负债率，这有利于西部地区融资环境的改善，对企业融资约束的减轻起到了巨大的作用，同时这也是导致西部地区的企业的杠杆率不降反升的重要原因。为了探究地方政府债务对不同性质的企业有何不同的影响，我们从国有企业和非国有企业这两个角度加以分析，实证结果表明地方政府债务水平对非国有企业的负债水平有更大的抑制作用。为了探究地方政府负债行为对企业债务水平的影响机理，我们从理论和实证两个角度，做了机制分析。从理论分析来看，政府负债行为会导致影子银行的大规模扩张，引起影子银行体系内的贷款利率远超一般商业银行的贷款利率，这会导致非国有企业被挤出；从实证分析来看，地方政府负债行为会缩短企业发行债券的期限，提高企业发行债券的利率，这在一定程度上会增加企业发债的成本和风险，这也是地方政府负债行为挤出企业负债的一个重要方面。综上所述，地方政府负债水平的增加会挤出企业负债水平，这种挤出效应对民营企业更为明显。

本章得出的结论是政府债务水平在总体上会抑制企业政府债务水平，但不能简单地认为加大政府的负债规模就会降低中国企业杠杆率，因为从前文可以看出，政府债务规模对非国有企业债务具有更大的影响，所以本章认为深入探究中国民营企业面临的融资难困境会更有价值。对此本章提出以下建议：（1）继续推进去杠杆的措施，企业和政府部门都要去杠杆，防范政府债务风险超过其可承受的范围，造成对经济和社会的威胁。但不能盲目地去杠杆，应遵循“结构性去杠杆”的原则，在中央政府债务风险可控的前提下，加大对民生领域的财政投入，减轻地方政府的债务压力。实施差异化的财税金融政策，通过政策指引金融机构大力支持企业融资，促进地方政府融资平台公司和民间资本进行合作。（2）进一步规范地方政府的管理工作，做好政府存量债务的置换工作，规范增量债务。要深化财税体制改革，合理界定中央与地方政府的事权和责任划分，尽可能使地方政府的财权与事权相匹配，解决地方政府债务规模过大的问题。地方政府要积极改善营商环境，规范地方政府融资平台公司的运营和管理，调整资金投向，为企业投资创造大量机会，提高整个市场的活力。(3) 加强金融监管，改革金融机构的监管方式，监管经营业务的功能，减少影子银行业务“刚性兑付”的现象。促进信贷资本在地方政府和企业间的合理配置，减少二者为获得融资而产生的竞争行为。构建多层次的资本市场，创新融资工具，丰富外部融资的渠道，提高企业融资能力。

8 地方政府债务管理制度设计

本章主要从债务管理的三个角度，分析地方政府债务管理制度的设计问题，分别是事前规则、事中管控、事后处理。首先，我们阐述了这三个角度的基本概念；然后，再依次描述如何从这三个角度设计地方政府债务管理制度。管理流程层层递进，共同构成地方政府债务管理体系，三个环节有机衔接，优化地方政府债务管理制度，全方位地防范债务风险。

事前规则的定义就是在事前规范地方政府债务的行为，包括债务管理目标、债务管理模式和债务管理机构。地方政府债务管理的第一任务，就是确立债务管理的目标，确立债务管理方向，以此为基础选择相应的管理模式，划分管理职责；然后，按照职责的不同，建立不同的债务管理机构，有效管理地方政府债务。事前规则是基础，通过对债务运行作出严格的规定，可极大地提高债务管理水平。

事中管控是监督地方债务融资是否可以有效依照规则设计行事。若想实现事中监控，需要中央、地方政府和市场的相辅相成、相互配合。中央要在宏观层面上对债务进行整体把握，建立债务控制和预警制度；

地方政府则要加强预算管理制度的建设，完善信息披露机制，规范举债行为；积极发挥市场的外部监督作用，以信用评级和债券保险的方式，加强监督。事中管控是关键，可引导和约束地方债务的运行过程，如果没有相关的监督机制规范债务运行过程，那么会增加债务风险。

事后处理是政府采取的及时处置债务危机的措施，可避免地方政府无力清偿债务带来的负面影响，这是一种危机处置机制，对地方政府债务进行重组，以解决地方财政困难。事后处理主要是建立危机化解和纠错问责机制，可在地方政府债务管理出现问题时，及时防范债务风险并确定债务风险责任，有效化解债务风险。事后处理是后盾，是地方政府债务管理的最后环节，事后处理的结果又可对事前规则的优化和调整起警示作用。

8.1 地方政府债务管理的事前规则

8.1.1 地方政府债务管理目标

地方政府债务管理的目标是满足地方政府的融资需求，为地方政府提供足够的公共产品和服务资金，确保地方政府债务按期偿还，减少债务调控事件的发生，完善地方政府债务运行管理体制，提高地方政府债务运行效率。

（1）满足融资需求

从古至今，我们发现各国的地方政府都是为了扩大自身财力而举借债务，政府债务是在地方政府财政支出不足的情况下产生的。亚当·斯密曾提出，增加的政府支出导致了政府借贷行为的发展。地方政府债务可弥补地方政府的财政赤字，随着地方政府职能逐渐扩大，财政支出范围不断拓宽，仅靠税收收入无法保证地方政府对公共基础设施建设的有效投资，必须要通过发行地方政府债券的方式解决资金来源的问题。纵观世界各国的做法，我们可以发现，尽管每个国家地方政府债务管理的目标不尽相同，但其宗旨都是满足地方政府债务融资需求，这是地方政府债务管理的出发点。

(2) 确保债务偿还

一旦发生地方政府债务危机，不仅会危及该地区经济社会的健康发展，还会给整个国家的发展造成巨大威胁。因此，实现地方财政可持续发展，保证地方政府债务如期偿还，是地方政府管理债务的目标。

夏颖（2010）曾指出，要想达到地方财政可持续，就要做到实现地方财政收支基本平衡以及财政体系运转有序高效。如果一个地方政府发生了债务危机，那么它的财政是不可持续的。保证地方政府具有可持续的债务偿还能力是非常有必要的，因为一个地方政府若能按期偿还债务，而且不发生债务违约事件，那么它才会增加在未来成功举债的可能性。而维持地方财政的可持续性的关键在于，保证地方经济具有不断增长的潜力，由于债务的增长会在一定程度上为经济发展带来负担，故需要良好的经济条件对举借债务予以支持，若想确保地方债务可以按期偿还，高水平的经济发展条件是不可或缺的前提。

(3) 完善地方政府债务运行管理制度

地方政府管理地方政府债务要遵循债务自身的运行规律，使得地方政府债务可以良性运行，为地方政府融资提供条件。从各国债务发展进程来看，一些国家之所以会出现债务危机，最重要的原因就是地方政府在债务运行过程存在很大的问题，没有规范的债务运行过程。因此，我们可以从以下几方面着手，分别是举债主体、方式和用途等，着力打造一个完善地方债务运行管理制度，使得地方政府债务可以长期发展。

尽管各国财税制度不同，但是大部分国家都赋予地方政府举债的权力，这不仅可以继续维持中央政府的宏观调控能力，而且可以增强地方政府的积极性。现今有三种举债方式，依次是发行债券、从中央政府借款以及从金融机构借款，大部分国家都是综合采用至少两种方式举借债务。债务用途指的是地方政府将通过举借债务的方式将筹措来的资金用于哪些领域，大多数国家都只允许债务资金投入到基础性或者公益性项目上，不可以用在经常性支出上。

8.1.2 地方政府债务管理模式

地方政府债务管理模式是指在债务管理的基础上，划分政府和市场、中央和地方的职责，它是债务管理体系的中心，包括管理权责、管理手段两方面。地方政府债务管理模式可分为市场约束、谈判控制、制度约束和行政控制四种模式。中央政府对地方政府债务管理的干预力度逐渐加大，每种管理模式各有利弊。一个国家在选择地方政府债务管理模式时，需要考虑自身的国情，选择合适的管理模式。

（1）债务管理模式的类型

当一个国家采用的债务管理模式为市场约束型时，中央对地方的借贷行为完全不进行干预，交由市场进行约束和调节。中央既不会采用行政手段或法律手段约束地方政府的举债行为，也不会设定地方政府举债限额，同时地方政府如果发生债务危机，中央也不会施以援助。这类管理模式适用于金融市场比较成熟、政府信息透明度比较高的国家，市场约束程度决定地方政府债务的风险情况，方便满足居民各式各样的偏好和需求，但同时对市场发展水平要求较高，不是在所有的国家都适用的，只能适用于市场经济水平相对高的发达国家。

在协商型的管理模式下，由中央和地方政府共同管理地方政府举债情况，具体说来，中央和地方政府协商制定宏观经济政策，并形成统一的政策共识，在此基础上，地方政府决定举借债务行为。这类模式可以促进中央和地方政府间的交流，可以保证宏观政策的有效实施，但这类模式对财政约束和市场约束机制提出了较高的要求。在这类模式下，中央必须居于主导地位，协商能力较强，否则地方政府会不断向中央申请财政援助，致使地方出现“道德风险”等问题。

在制度约束型的管理模式下，中央制定如宪法、法规等多种规则，建立量化指标以对地方政府的融资行为进行约束和限制，中央并没有直接干预地方政府的举债行为，地方政府拥有一定的债务管理自主权。这类模式可提高债务管理的透明度，便于了解地方政府债务情况，但这类模式是否能得以有效运行，取决于中央是否有足够的监控地方政府的能力和高超的制定规则的水平。如果中央政府不具备这些条件，会导致制定的规则出现漏洞，发生逃避规则的行为，这样就起不到真正的约束作用了。

当一个国家采取的管理模式为行政控制型时，中央会采取行政控制手段，以管理地方融资行为，审批地方政府的每一笔债务（熊波，2009），地方政府债务管理权几乎完全在中央政府手中，地方政府几乎没有任何自主权。这类地方政府债务管理模式具有较强的约束力和强制性，可以更好地了解到地方政府债务的规模和风险情况，但是债务管理权高度集中于中央，就使得中央要对地方政府债务偿还承担“兜底”责任，一旦地方政府没有能力偿还债务，中央要无条件地施以救助。

（2）债务管理模式的选择因素

一个国家会在考虑多种因素的基础上，选择最适合自己国家的债务管理模式，通常来说，这些因素主要包括：经济体制、国家结构、金融市场、财政自给能力和预算透明度。在考察一个国家与这些因素的契合度之后，我们才能评估它选择的债务管理模式是否是合适的，当然，一个国家的债务管理模式是不断优化的，处于动态的过程，会随着各种因素的变化而不断变化。

金融市场的发展程度决定其是否能有效发挥作用，地方政府债券的发行、定价、偿还等都和金融市场的健全程度息息相关。一个国家的金融市场足够成熟，那么就可以实现地方政府债券的市场化管理，这样的国家选择的债务管理模式，理所当然会是分权型的。反之，一个不具备健全金融市场的国家，往往会选择行政控制型的债务管理模式。

经济体制主要包括市场经济以及计划经济。在市场经济中，市场会对资源配置起决定作用，通常基层单位会掌握决策权，所以地方政府会采取市场约束型的债务管理模式。而计划经济体制是中央政府掌握所有的经济决策权，政府通过发布指令的方式对资源进行配置，忽视市场的作用，因此在这种经济体制下的国家，其债务管理模式偏向于行政控制型。

国家结构表示的是中央和地方间的权力分配关系，主要有集权政府以及分权政府两种。如果一个国家是集权政府型，那么中央统一管理、控制各级地方政府，显然相应的债务管理模式会是行政控制型的。然而，在一些有中央集权倾向的国家，会出现分权政府的一些特征，所以这类国家也会选择有分权特征的管理模式。如果一个国家的结构是分权型的，那么其地方政府可以作为一个单独的主体，拥有行政自主权，发行政府债券，所以这类国家会选择分权型的管理模式。

财政自给能力表示的是地方政府在没有中央财政援助的情况下，可以筹集资金的能力，这是协调地方经济有序健康发展的能力，它的强弱决定了地方政府的财政决策行为，也必然决定地方政府的举债权。一个拥有较低财政自给能力的地方政府，会存在较强的举债动机，同时也会严重依赖中央的转移支付，受到中央的控制和约束，这样的地区适用集权特征的管理模式。而一个地区的财政自给能力强，表明这个地区没必要依赖中央对其的援助，中央的控制力就会减弱，所以债务管理模式的特点也是分权型的。

预算透明度是衡量政府向公民公开预算编制、执行、报告等信息的程度。通常来讲，一个地区的预算透明度越高，其预算越能受到公众的监督，进而可以对债务发行、使用等全过程进行有力调控，市场约束力比较强，其适合的债务管理模式是分权型的；反之，如果一个地区的预算透明度不高，那么只能由政府通过行政手段加强管理，由于市场的约束力不强，所以会选择行政控制型的债务管理模式。

8.1.3 债务管理机构

地方政府债务从举债到偿债会涉及多个利益主体，容易出现多个主体意见不统一、冲突不断的局面，为了解决这种问题，建立一个科学的地方政府债务管理机构显得尤为重要，它可以促进地方政府债务的有效管理，提高债务管理效率。根据是否独立于财政部，债务管理机构可分为两类：一类是在财政部内建立的债务管理机构，另一类是独立于财政部的债务管理机构。

在债务管理机构内置于财政部的情况下，地方政府债务的主管部门是财政部，这种管理机构的设置，可以让债务管理机构更好地了解政府资产、负债情况，可以发挥财政部在管理宏观经济上的优势，但同时可能造成地方政府的“道德风险”问题，形成一种“预算软约束”。

着力建立一个科学的债务管理机构，不仅可以有效管理地方政府债务，还可以降低协调的成本，提高执行效率。在建立债务管理机构时，应明确机构管理的内容和职责，将必需的活动进行整理和归纳。债务管理机构的人员必须遵守协调与合作的原则，做到“明确分工”，促进管理目标的有效实现。同时，债务管理机构的人员还要以债务运行方式为出发点，围绕“债务”这一主体，设立权责明晰的债务管理机构。

8.1.4 地方政府债务的事前规则国际经验

（1）政府层级间支出责任归属界定

地方政府债务事前管理的第一个问题是地方政府的合理举债规模，这需要明确事权在中央政府和地方政府间的纵向责任划分，对属于地方政府责任范围内的支出进行成本核算。按照地方政府应承担的支出总成本，减去地方自有财力收入和来自上级政府的财政转移支付，倒推地方政府债务规模。下面主要介绍美国、日本、俄罗斯等国家财政分权制度下的责权分配模式。

美国政府的支出责任划分一般在三级政府间进行：联邦政府、州政府和地方政府。联邦政府筹措支出金额比例最高的是社会保障与收入支持项目、医疗保健项目（健康、住院和医疗保健）、住房的公共支出和社区服务以及城市发展项目。州政府和地方政府主要承担洪水、公共卫生、交通成本（主要是公路）、教育和公共安全（地方警察、消防）项目。日本政府的支出责任划分遵循“夏普三原则”：一是细分事权的具体供给责任，即对于每一项公共品或公共服务供给责任，都会具体细分至某一层级政府；明确各级政府在同一项公共服务中各自承担的职责；以责任划分为基础确认各级政府的收入负担比例；二是地方政府优先供给与地方居民生活密切相关的公共事务；三是每一级政府承担的公共事务都会与其可支配财力、技术能力和可持续性财政支出规模尽可能匹配。与发达国家相比，发展中国家更倾向让地方政府承担主要的支出责任，不但健康、教育、文化是地方政府的主要支出责任，而且经济事务服务、一般公共服务等也容易成为地方政府的支出责任。在俄罗斯和印度两个国家的支出责任划分中地方政府承担了更多的经济建设职能，这也使得地方政府债务偿还危机在发展中国家更容易发生。

（2）举债计划：债务发行限额控制

债务的财政限额指标是对于举债规模限额控制的一项重要的事前管理制度。国务院《关于2014年深化经济体制改革重点任务的意见》中明确说明："对地方政府债务实行限额控制，分类纳入预算管理。"每年由全国人大给国务院关于最高债务限额的授权，在这个限额以内地方债发行的净额、结构以及具体的发行时间由国务院灵活掌握，然后国务院把额度下发给各个省、自治区、直辖市。风险控制的重点是设置上限并且实施严格控制，不能超过最高的限额。

通过比较发债限额控制的国际经验发现，在所有事前监管中，对债务规模的控制成为所有国家监管的重中之重，各国纷纷出台了债务规模控制的标准。进行政府债务限额控制最重要的规则是保证"财政可持续性"，即政府能否执行中央的财政政策和货币政策，发行债券是否有明显的违约风险，债务的经济效应是否良好，增加的税收和项目收益是否能偿还债务的本息。

英国政府规定全国政府债务余额应当低于地区生产总值的40%，并致力于将地方政府公共债务余额占地区生产总值的比重控制在4%以内。巴西政府规定州政府及市政府新借款项不得超过当年财政净收入的16%，债务还本付息额不得超过实际净收入的11.5%。保加利亚规定市政府借款不得高于其当年财政收入的10%。德国2013年为本国的新增借款规定了173亿欧元的上限以实现预算平衡。新预算赤字占地区生产总值比重上限目标不高于0.35%；除经济衰退等特殊情况外，德国中央政府取消对州政府的借款援助。市政债券比较发达的美国，对地方政府发行债券行为有着成熟的约束和监管机制。而美国债务风险控制的第一步即是规模控制，主要控制指标包括负债率、债务率、资产负债率和偿债率。其中，美国37个州在其宪法和法令中明确规定了一般责任债券的限额，债务率控制在90%~120%，负债率控制在13%~16%；还有债务还本付息能力这一指标，即除联邦政府转移支付之外的州和地方政府自有收入（含税和收费）用于偿还债务本金和利息的能力，这一指标被看作美国大部分州控制债务上限的良好指标。

（3）中央政府不救助承诺

对中国地方政府债务，中央政府明确了不救助原则，但在中央的制度框架下，出现债务偿还危机的地方政府并不会简单地被推向市场。因此，更具操作性的方法是对地方政府进行债务使用的严格监督并建立纠错与问责处罚机制。大多数国家对违规举债都建立了相应的处罚机制。例如，巴西对不履行《财政责任法》规定义务的，将予以人事处分，情况严重的予以革职、禁止在公共部门工作甚至服刑。

（4）总结

对于事前规则，我们主要介绍了层级政府间支出的划分原则、限额控制和中央政府不救助承诺。层级政府间支出责任划分是有效监控债务发行规模的基础，只有厘清事权的纵向责任分摊，才能进一步细分每一级政府预算的总规模、经常性预算支出、资本性预算支出及其相应的收入来源。根据国际经验，在遵循公共品供给效率原则上，对于教育、城市供水、供电、供气、城市道路建设的支出责任主体应该是在地方政府；由于公共服务的外溢效应，中央政府部分承担城市绿地、医疗设施、城市规划管制、社区福利性设施在建设上的支出责任。中央政府还应考虑地方政府债务在维持全国经济稳定过程中的贡献率，承担部分地方政府债务风险责任。在厘清事权支出责任的基础上，中央政府要进一步区分经常性支出和资本性支出以确定债务发行规模，对于地方政府具有独立事权的资本项目，中央政府应赋予地方政府独立税权和举债权；对于属于中央政府支出责任而委托地方政府以发债方式筹集资金的建设项目，中央政府应该在财政转移支付的分配公式中加以考虑。据此，在中央与地方之间构建权责合理划分、责权对称、制约到位、控制有效的地方债务事前管理规则。

地方政府在满足预算平衡（年度平衡或跨年平衡）的基础上，控制债务风险的首要工作是设立债务规模的“天花板”，对举借债务实施严格的预算审批程序，由上级政府对地方政府债务的发行和使用进行监管。确立地方政府举债的量化控制标准，在不突破限额的前提下，地方政府举债的实际规模交由本级议会决定。为此，需要强化地方权力机关和政府机构主要负责人的风险责任，实行“谁举债，谁负责，谁审批，谁担责”的债务风险追溯机制。限额管理可以使用“债务上限法”或者“水平基准法”进行测度，使用的指标包括负债率、债务率、偿债率和长期债务偿还比例等。至于债务限额指标区间的制定，应该采用“财政可持续”原则进行把握，具体的做法是对地方政府债务的经济增长效应、财政收入增长效应、公共资产增长效应等作出科学的预测，在此基础上进行发债规模测度工作。

对于地方政府超额举债或者不按照财政规则进行融资举债的，中央政府应在事前作出明确的不救助的信号。但是考虑到中国目前的国情，地方政府出现系统性债务风险时，中央政府很难做到完全不救助。建议在不救助机制建立的同时健全完善专门的债务资金问责机制，对于不遵守财政规则而出现问题的地方政府给予严厉的惩治。

除了中央政府主导规则外，市场规则也应该成为约束地方政府债务风险的事前补充。债务的商业性担保、第三方机构的政府信用评级、信息披露和证券监管都应该是事前规则的重要组成部分。运用市场商业化运作分散地方政府债务风险，引入竞争性公平评价标准监管地方政府债务运作。尤其要重视发挥评级机构的作用，而为了提升评级机构评价的客观度与准确度，必须形成地方财政信息动态公开发布机制，地方政府在向中央政府按时汇报财政账户收支情况的同时，须定期在公众性的信息平台上发布政府相关财政及债务报告，接受市场的判断和选择。

8.2 地方政府举债事中管控

关于地方政府举债的过程控制问题，需要中央政府、地方政府和市场的配合。中央政府要统揽全局，控制政府性债务规模，防范债务风险；地方政府要落实债务管理的具体措施，完善信息披露制度；市场要建立信用评级制度，规范债券保险制度。

8.2.1 中央层面的地方债务管理

（1）控制地方政府债务规模

中央控制地方政府债务规模，就是对地方政府债务设定一个限额，防止债务规模无序扩张。在20世纪末，控制地方政府债务规模开始在世界各个国家流行起来，截至目前，这一措施普遍在世界范围内得到应用。地方政府债务是一把双刃剑，尽管它可以带动地方经济的发展，减少财政收支缺口，但与此同时，倘若地方政府债务规模超过地方财力可承受的范围，容易产生债务危机；而债务规模过小，又不能对经济增长起到足够的促进作用。可见，举借债务规模过大或者过小，都不能发挥债务资金的有效作用，因此探索出最适度的地方政府债务规模是非常必要的。按照经济学原理，当边际收益和边际成本相等时，债务规模的效应可以达到最大化，在这种状态下，债务对经济的促进作用是最大的。

尽管地方政府债务的最佳规模由边际成本以及边际收益决定，但在现实中，很难衡量出举债的经济和社会效益。因此，各国都普遍以债务可持续性为立足点，寻找最适度的债务规模。从本质上看，地方政府债务的适度规模可以等同于地方政府债务的可持续性，因为二者都是探究一地区未来的财政盈余能否偿还得起地方政府债务。具体来讲，控制地方政府债务规模有两种方法，分别是指标分析法和模型分析法。

指标分析法是用债务规模指标控制债务规模，又可细分为需求控制法和供给控制法。其中，需求控制法是在控制债务规模时，借用借款方即地方政府的某些特定的债务规模指标，从源头上抑制债务规模的扩张，其指标有赤字率、债务率和偿债率，这些是比较常见的指标，各国的国情不同，所以设定的警戒线标准也不一样。供给控制法是限定供给方，即设定金融机构可提供贷款的限额，来控制债务的规模。指标分析法是较为普遍的控制地方政府债务规模的方法，但是由于世界各国的经济发展水平不一，各国设定的标准也不统一，所以不能准确地反映社会的变化。

模型分析法主要是构建数学模型，可有效弥补指标分析法的弊端，在考虑未来用来偿付债务资金的收入来源后，确定一个合理的债务规模，充分考虑信用风险的因素。

（2）构建债务风险预警机制

首先，建立债务风险预警指标体系，对地方政府债务风险进行评估和预警。应尽可能将所有与债务风险相关的因素纳入预警体系，更好地预警债务风险状况。债务风险预警过程包括风险识别、风险估计、风险判断、风险预警和风险应对。风险识别、风险估计和风险判断是风险评估的重要组成部分。风险识别就是通过一系列的方法分析各种潜在风险的特征，确定债务风险的成因，是债务风险预警的第一步。风险估计是采用定量分析的方法，结合风险指标的数据，分析债务风险发生的概率以及由此带来的损失。风险判断是根据债务风险指数的安全极限来判断债务风险。在对债务风险进行评估后，下一步是对债务风险进行预警。应对债务风险是债务风险预警过程的最后一个阶段。它是根据预警结果，采取不同的措施应对不同风险等级的债务风险，旨在化解地方债务风险。

了解债务风险的成因，可有效预警债务风险。地方政府债务风险的形成主要和以下四类因素相关，分别是：经济状况、公共风险、财政情况以及债务管理，因此要结合这四类因素的指标，在此基础上构建一个全口径的地方政府债务风险预警指标体系，以此全面完整地反映地方政府债务风险。值得注意的是，我们在对地方政府债务风险进行预警分析工作时，不能盲目地全盘使用各种指标，而是要对指标体系进行简化和提炼，科学地选择债务风险预警指标，构建一个既能够反映债务风险又简单清晰的全口径债务预警指标体系。

要对不同地区的债务实行差异化管理，建立健全地方政府性债务评估体系，以债务率为评估体系的核心，因地制宜分析评估各地风险状况，设置不同的在线预警指标，确定各地区的风险指数，并动态监测政府债务的规模、结构和风险，对问题进行预警。各级地方政府要密切关注各项目的运行情况，长期跟踪项目运行能力，防范各种潜在风险。加强地方政府性债务风险管理和化解工作，建立健全相关机制，规范土地出让金等财政收入的核算和管理，实现财政分配方式的合理性。

各有关部门还应承担地方政府债务风险管理工作，推动各部门共同防范地方政府债务风险：发展改革部门要严格审批高风险项目，加强对地方投资计划的管理；金融管理部门要正确发挥引导、加强监管、规范金融机构行为的作用；要建立健全债务监管和风险保险防控机制；落实好地方政府各部门的职责分工，落实好各自的风险管理任务。

地方政府债务风险预警机制的建立与流动性风险预警指标体系密切相关，组织体系能够保证风险预警机制的有效运行。针对地方政府债务的复杂性，建议采取纵向制度与横向制度相结合的方式，确保债务风险监测的完整性。

8.2.2 地方层面的债务管理

（1）地方政府债务预算管理

政府预算管理指的是，在国家政策的引导下，使用法定程序有计划地预测和筹划未来政府财政收支。地方政府债务也是地方政府的财政收入，理应纳入预算管理，地方政府理所当然应该编制债务收支计划，并按计划执行。将地方政府债务纳入预算管理可以有效控制未来一段时间内地方政府债务的收支安排，对管理政府债务规模和结构起到了一定的积极作用。宗正玉（2012）认为，地方政府债务预算管理不单纯是统计和规划债务信息，而是要评估和预测地方政府举借债务会对自身的资产负债产生何种影响以及是否会带来财政风险，在进行评估和预测之后，可以合理地安排和使用财政资金，实现政府公共管理的职能。

关于债务预算管理，我们需要注意以下几个问题：首先，债务预算目标是宏观经济目标的小分支，所以要考核债务预算的相关情况，评估其带来的影响。其次，相关部门要负责对债务进行计量和汇总，保证债务相关数据的准确无误，并将其编入债务预算报表。债务预算报表可以用于信用评级、审计和外部监督的工作中，还可以加强外部对预算管理的约束力。另外，债务预算管理包括管理投资建设项目，要建立偿债基金，保障财政安全。最后，应明确预算管理部门工作人员的职责，防止出现相互推诿的情况，制定严格的财政制度，规范工作人员的行为，向社会公开债务预算的相关信息，接受外部的监督。此外，财政部门要编制债务资金预算，有效控制债务规模。

为了更为有效地管理地方政府债务的预算，应着手细化预算制度，从预算编制、预算执行到预算决算整个过程进行规范化管理。预算编制在其中起到核心作用，另外，预算执行会对预算结果产生影响，而预算决算则是对债务收支计划执行结果的一种总结。这三个环节层层相扣，缺一不可，可通过立法，增强预算管理的约束力。但预算运行程序是否得以顺利实施，光靠这三个环节是不够的，还需要加强对地方政府债务预算的监督和绩效考核，对债务预算资金的全过程进行监督，纠正预算运行程序发生的问题，促进公共部门整合相关资源，确保预期效果的实现。通常，地方政府债务投资的项目很难在一个预算年度内完成，因此，要推行债务中期预算，对地方政府债务的运行过程进行规范。债务中期预算可以定期对财政总量进行控制，以有效控制债务规模，同时可根据经济形势的变化随时调整地方政府债务的收支计划，赋予债务使用一定的灵活性。

（2）披露地方政府债务信息

披露地方政府债务信息是尊重政府和公民的知情权与监督权的表现，有利于政府债务的按期偿还，实现债务的可持续发展。地方政府的举债行为不仅要满足政府的融资需求，为经济发展筹措资金，还要防范债务风险的出现。进行地方政府债务信息的披露具有很重要的意义，全面的地方政府债务信息可为确定债务规模和结构提供依据，为地方政府债务管理提供便利，可促进政府、市场、社会的充分交流，减少信息不对称的问题，增加政府债务资金的可持续性，协调当前需求和未来发展之间的矛盾。

地方政府债务信息披露就是要对政府债务进行确认、计量和报告。首先，明确要披露的债务信息，应将直接债务和或有债务都作为债务信息披露的内容。地方政府债务信息为信息使用者评估债务提供了便捷的渠道，便于中央对地方政府进行监管，而对于拥有成熟金融市场的国家或地区来讲，及时披露地方政府债务信息，有利于市场考虑融资主体和融资成本。其次，选择合适的债务信息会计方法，提高债务信息的真实度。会计核算方法主要有权责发生制和收付实现制两种，其中权责发生制具有计算准确的优点，但它需要较高的财务管理水平和高素质的政府会计人员，条件较为苛刻；收付实现制处理起来较为简单，但它的准确度也随之降低，不能准确核算政府或有债务的信息。因为二者都既有优点，又有缺点，所以衍生出修正的权责发生制以及修正的收付实现制。目前，世界各个国家在考虑各自国情后，都选择最适合自己的核算方法。最后，建立债务报告的披露制度，债务信息披露通常包括预决算报告和财务报告。二者的区别在于：预决算报告强调预算收支计划以及具体的执行情况；政府财务报告是全面统计政府财务信息和债务信息。

债务信息披露有助于市场约束地方政府发行债券，可有效降低中国财政运行过程中出现的各种违法违规事件，促进地方政府债务以一种健康的状态正常运行，同时增强中国公民对地方政府信息的掌握和了解，帮助政府更好地实现相关工作。以往，在中国只有内部人员才有权获知地方政府披露的信息，外界是很难得知真实情况的，阳光、公正的制度才是提高政府公信力的关键，才是增强政策效果的重要途径。为此，地方政府首先应明确披露相关债务信息的重要性，这有利于规范地方政府使用债务资金的用途，提高资金的使用效率。地方政府应在政府工作报告中，报告预算内外资金的收支情况，除此之外，地方政府还要报告融资、还本付息等情况，接受各监督部门的监督，并及时向地方人大汇报向外披露债务信息的情况，同时也要适当地把相关信息公布，接受社会的监督。

地方政府还需披露非财务信息，它可以全面、真实地展现地方政府债务的详细情况。各财政部门应妥善保管各式原件，必要时对债务资金的使用情况进行量化考核，通过量化数据分析结果，降低债务的风险，促进地方银行和政府的良性发展。建立科学全面的信息披露制度能够为管理地方债务提供现实依据，虽然要历经一个漫长的过程，但中央和地方各部门仍要协同为之努力。

8.2.3 市场层面的地方债务管理

(1) 地方政府信用评级

地方政府信用评级是对地方政府偿债能力和偿债意愿进行评估，是评价地方政府信用风险的标准，一般用简约的符号表示信用的等级程度。按照评级对象的差异，可将其划分为主体信用评级和债项信用评级。其中，主体信用评级主要是评估发债主体的信用状况，主要为政府监管部门服务；债项信用评级是对特定的债券含有的信用风险进行评级，主要为债券投资者服务。

地方政府信用评级运行机制主要包括以下四个因素：地方政府、债务管理机构、评级机构和投资者。投资者根据信用评级结果考虑是否购买地方政府债券，地方政府根据信用评级结构考虑是否融资，债务管理机构根据信用评级结果分析地方政府债务规模并实施控制。因此，信用评级机构是评级体系的核心，其信用评级结构可以为其他主体服务。为了实现对地方政府债务的有效管理，加强信用评级具有重要意义。引入信用评级，可以增强地方政府债务信息的透明度，为宏观经济调控提供相关数据，提高地方政府的风险防范意识，引导合法合理的地方政府债务融资行为，促进地方政府债务内部控制制度的完善。除此之外，加强信用评级，可以加强对地方政府债务管理的市场约束，促进政府和投资者的交流，减少道德风险事件的发生。地方政府信用评级受到多种因素的影响，主要包括：评级机构的付费模式和地方政府的偿债能力。其中，评级机构的付费模式有两种模式，分别是发行人付费和投资者付费。地方政府的偿债能力受到财政收入的规模和可持续性的影响。

（2）地方政府债券保险

地方政府债券保险源于1971年，美国推出了地方政府债券保险，随后该项业务开始逐渐发展起来。随后，债券保险在欧洲和日本的债券市场中也得到普遍应用，这是一项分担和转移信用风险的举措。简单来说，地方政府债券保险是第三方担保，是在地方政府无力承担债务本息时，由保险公司代其偿还债务的服务。地方政府债券保险的独特性在于：债券保险的信用风险是由债权债务关系形成的；债券的级别取决于债券保险机构的信用级别；债券保险具有专一的特点。

地方政府债券保险运行程序是这样的：地方政府首先申请地方政府债券保险，然后保险机构调查并了解地方政府资产负债等财务状况，依据调查结果，判定地方政府的信用，对是否要对地方政府债券进行担保作出判断。如果保险机构选择对该项债券进行担保的话，那么保险机构和地方政府会签订一项合同，地方政府须向保险机构支付一定的保险费用。待保险合同签订完毕后，保险机构会监控地方政府的财政收支、债券交易等情况。一旦地方政府出现不能如期偿还债务的情况，那么保险机构就要对债券投资者进行赔付。以此看来，债券保险是可以实现债券交易三个主体“共赢”的利器，它可以降低地方政府的融资成本，还可以最小化因债务违约造成的损失，保障债券投资者的权益，同时也为债券保险机构带来了可观的利润。

8.2.4 地方政府债务的事中管理国际经验

（1）债务风险预警体系的国际做法

为了达到对债务规模的控制，许多国家相应建立起了灵敏的风险评估、预警与纠错机制。国际上通用的用于警示债务风险的主要方法是建立债务预警机制。债务风险预警指标包括负债率、偿债率、债务率和债务依存度等。张志华等（2008）研究发现，美国政府规定负债率（州政府债务余额／州内生产总值）警戒线在13%~16%；规定债务率（州政府或地方政府债务余额／州政府或地方政府年度总收入）为90%~120%；马萨诸塞州规定，州政府一般责任债券的还本付息支出不得超过其财政支出的10%；北卡罗来纳州的法律规定，该州地方政府的资产负债率不得高于8%。

财政部预算司重点研究过美国俄亥俄州模式和墨西哥的债务预警机制建设。该研究指出，俄亥俄州的债务预警机制是通过地方财政监测系统改善对地方财政安全状况的监测，将地方政府债务与其财政状况联系起来，从而防止债务危机的发生。俄亥俄州审计局负责实施财政监测计划，并对地方政府是否接近财政紧急状态作出判断，风险高的地方政府被列入“预警名单”进行监控，严重的则被列入“危机名单”，然后俄亥俄州审计局向地方政府提交关于财政监测状况的书面通报。如果进入财政监测计划后，地方政府的财政状况还在继续恶化，则进入财政紧急状态。

衡量地方财政状况是否符合财政紧急状态的标准有三种，只要满足其中任何一种，俄亥俄州审计局就会宣布其进入“预警名单”，对该地方政府财政状况进行监视。这三种标准分别是：①财政年度末，普通预算中逾期超过30天的应付款减去年末预算余额后超过这一年预算收入的1/12；普通和专项预算中逾期超过30天的应付款减去普通和专项预算结余后超过该年度财政收入的1/12的。②上一财政年度的总赤字减去所有可弥补赤字的普通和专项预算资金超过本年度普通基金预算收入的1/12的。③财政年度末，地方政府金库所持有现金及可售证券，减去已签出的支票和担保余额，其价值少于普通和专项预算结余额，且此差额超出前一财政年度金库收入的1/12的。

地方政府在危机状况下制订的财政改革计划的内容应该包括：一是承诺消除财政危机状况和所有预算赤字，收回被挪用的投资基金和专项基金的资金，并恢复这些基金的余额；二是避免日后出现财政紧急情况，恢复地方政府长期债券发行能力。俄亥俄州监督委员会负责审查所有的税收、支出和借款政策，并确保会计账目、会计系统以及财务程序和报告符合该州的审计要求。在满足危机清除或灭失条件后，俄亥俄州审计局或者监督委员会可提出书面申请结束财政危机，撤销监督委员会机构。

日本地方政府通过构建早期风险预警体系，实行灵活的协商制度，同时严格执行审计监督，以防范地方债务风险。日本规定新增债务率不得超过9%，同时，对当年地方税的征收比率不足90%或赛马收入较多的地方政府，限制发债。日本规定债务依存度（公债／一般财政支出）在20%以上的地方政府，不得发行基础设施建设债券；债务依存度在20%～30%的地方政府不得发行一般事业债券。日本政府引进早期风险预警体系的根本目的是通过预警避免地方政府陷入债务危机，从而避免地方政府破产。日本对地方政府早期预警制定了四项基本财政指标：日本都、道、府、县的实际赤字率不得超过3.75%，市、町、村根据财政收入规模不同要控制在11.25%～15%；对于综合实际赤字率（赤字额／政府综合财政收入），都、道、府、县级政府不得超过8.75%，市、町、村根据财政收入规模不同要控制在16.25%～20%；都、道、府、县和市、町的实际偿债率（用于偿还债务的一般财政收入／标准财政收入）不得超过25%；都、道、府、县和政府指定城市的未来债务负担率（债务余额／标准财政收入）不得超过400%，市、町、村不得超过350%。

在其他方面，加拿大规定地方政府负债率不得超过25%。新西兰要求地方政府债务率小于150%，利息支出率1（净利息支出／财政收入）

要小于15%、利息支出率2（净利息支出／税收收入）要小于20%，资产负债率不得超过10%。韩国规定地方政府偿债率（前4年平均还本付息额／前4年平均财政收入）必须低于20%。波兰规定年度偿债额加担保债务额不得超过当年税收收入的15%，并规定商业银行投资某一市政债券的数额应小于其资产规模的25%。在印度，如果地方政府超过举债上限，必须在14天的透支期内偿还所有债务，否则其债务资金账户将被冻结，印度储备银行将启动自动扣款机制。

巴西规定借款额不得超过资本性预算的规模，州政府债务率（债务余额／州政府净收入）小于200%，市政府债务率（债务余额／市政府净收入）小于120%，新增债务率（新增债务额／政府净收入）小于18%，担保债务比重（政府担保余额／经常性净收入）必须低于22%。国有与地方政府所属银行不能发政府贷款。同时规定，地方政府债务余额不得高于银行净资产的45%，对于任何违规举债、突破赤字上限或者无法偿还联邦政府和其他银行借款的州，都禁止各银行向其贷款。

俄罗斯规定地方自有银行不得为地方政府提供借款，并限制地方政府债务余额占银行净资产的比例。地方政府借款额不得超过“俄联邦制下各自预算体系的收入总额”，该比例（年地方政府新借款／预算支出）不得高于15%。

参考国际经验，中国亟须明确地方政府合理的债务率、新增债务率、偿债率、逾期债务率等具体指标，并出台相应的量化考核机制，以形成对地方政府过高负债的严格约束。

（2）债务日常管理模式的国际做法

日常债务管理应遵循有序、适中、稳定的管理以适用于政府债务的风险防范。在地方政府债务管控体系的设计中，国际上存在四种不同类型的制度安排，分别是市场纪律约束、地方财政规则约束、中央政府管理制度。

①市场纪律约束

市场纪律约束是指地方政府举债完全由市场来决定，通过市场信用评级来确定债务的风险溢价和贷款条件，并由金融市场通过利率变动来对可能产生财政不可持续状态的地方政府进行监督和约束。在市场纪律约束下，地方政府的财政行为由市场决定，中央政府不设定债务限额，也不承担监督责任，而金融市场可以通过发行债券（如美国、加拿大）或提供银行贷款（如欧洲部分国家）的方式满足政府的举债需求。要使得金融市场能够成为地方政府举债的有效监管工具，需要满足部分条件，包括开放并且流动自由的资本市场、公开的地方政府债务存量和偿还能力的信息、中央政府明确的不救助承诺等。这种依靠市场纪律来控制地方政府举债的管理体系一般存在于各级政府透明度较高、治理能力较好，并且没有显著的救助经历的国家和地区。信息可及性以及对债务状况和支付能力的透明性是确保市场纪律的核心环节。地方政府的财务制度不规范、资产核算不准确以及债务和偿还能力信息不透明、预算外举债的存在都会影响其可信度。而道德风险也会导致地方政府过度举债，影响市场纪律的有效性。中央政府或省级政府的紧急救助增加了未来救助的预期，助长了借贷双方的道德风险行为。

大多数新兴经济体和发展中国家，以及部分发达国家，并不存在采用有效市场纪律来管理地方政府债务所必须具备的条件。对于绝大部分国家来说，仅地方政府的财务信息也往往存在着缺失和不完善的情况。这也使得采用市场纪律来进行地方政府债务管理的国家相对较少。

采用市场纪律控制地方政府债务的主要是加拿大、美国和瑞典的地方政府。加拿大省级政府债务的管理采取了市场纪律模式。加拿大各省可以在任何时间、任何地点，采用任意方式进行借款，中央政府不会对省级政府举债施加任何的内部或外部控制，也不需要对地方政府举债提供任何信息。但是市级政府的举债则面临更为严格的预算约束，举债需要经过省级政府的批准，在规定的限额内举借债务。即使在这些国家，仍然需要通过地方政府的信用评级来评估其绩效情况，以弥补资本市场在管理上可能存在的不足。例如，加拿大各省有长期通过国内和国际信贷市场举债的历史，而其省级债券的收益率和信用评级均表明市场投资者将加拿大的省级政府视同为主权债务人。即便如此，加拿大政府也无法完全依靠市场来控制地方政府的超额负债。例如，在20世纪90年代中期，地方政府债务总额占到了加拿大国内生产总值的23%，使得各省不得不采取财政调整规划。

②地方财政规则约束

地方财政规则约束通过设定地方政府债务限额、每年还本付息限额、债务增量占财政收入的比重限额等限制性指标来对地方政府债务进行管理，并且约定债务资金只能用于基础设施建设等资本性项目，以防止地方政府举债对宏观经济稳定产生不利的影响。美国、瑞士等国家普遍采用地方财政规则约束。基于财政规则的管理通过对地方政府的财政施加约束以确保财政结果的可预测性和地方财政能力的稳健性。其可采取的形式较为多样，包括但不限于确定债务上限（或总量控制），确定赤字目标，设定最大支出规则，设定债务资金使用方式以及与债务偿还能力相关的规则。财政规则的优点在于透明，能够更好地维持长期财政可持续性和代际公平并且相对易于监督。它们的有效性也取决于对财政规则的设定、覆盖的综合性以及政府部门执行财政规则的承诺。

除了采用债务限额、赤字目标等简单并且易于理解的指标外，大部分采取财政规则来管理地方政府债务的国家都强调黄金规则（如英国、德国、西班牙以及美国的部分州），并强调投资于基础设施项目能够产生充分的经济收益和社会收益对地方政府债务起到积极作用。

以德国为例，德国地方政府债务的规模是欧洲最大的，各州可以通过德国中央政府间接控制银行获取贷款，中央政府并不对债券发行施加约束。但是，德国各州法律要求债务资金的使用服从“黄金规则”，即债务资金只能用于资本性支出。实际上在德国，资本性支出和经常性支出的界限并不明显。德国联邦宪法法院要求联邦政府救助出现严重预算危机的州政府，从而鼓励了部分州政府的道德风险行为，也使得部分高负债地方政府仍然能够以很低的利率获取贷款。

当然，即使在黄金规则下引入债务限制，也可能并不足以确保地方政府的财政纪律或维持财政可持续性，必须同时包括其他的制度约束。如果地方政府债务具有显性或者隐性的上级政府担保，上级政府会对陷入支付困境的地方政府提供救助，那么地方政府举债将威胁到财政可持续性以及宏观经济稳定。尤其是在中央政府通过政府间转移支付来为地方政府融资的财政体制下，即使中央政府明确拒绝对地方政府提供救助，在地方政府出现过度支出，以及由此导致的不可持续的赤字，并且要求救助时，中央政府实际上是无法拒绝的。此外，对于政府间转移支付的依赖也会导致举债的不可持续性，因为转移支付水平越高，中央政府承诺的不进行救助的可信性就越低。而构建地方政府的地方税收体系，降低地方政府对于中央政府的转移支付依赖，则能够更好地贯彻中央政府承诺的不救助政策。

财政政策规则的不足之处在于，需要在确保遵从和进行相机抉择之间进行权衡取舍。严格的财政规则使得在面临未预期的经济下行时，财政政策的调整空间有限。而完全相机抉择的财政规则又缺乏可信性，无法引入充分的纪律。在实践中，地方政府设定财政规则的有效性也取决于其对债务的监管能力。

③中央政府管理制度

在中央政府管理制度下，由中央政府制定地方政府债务的管理办法，内容涵盖确定地方政府的借款上限、借款形式，还包括以中央政府的名义借款，以地方政府使用（国债转贷）的形式，从而对地方政府举债拥有直接控制权。采取这种债务管理的国家和地区主要为单一制国家或地区，较为典型的包括日本、英国、希腊和爱尔兰等。

依据管理的综合程度和详细程度，中央政府管理控制可以采取不同的形式。例如，设定年度地方政府债务限额、禁止承担外债、确认地方政府的借款条款、采取中央政府转贷的形式等。管理控制主要集中在债务总体水平的管控上。每个借款方都需要在对地方政府财务状况评估的基础上获得举债权。该管理方式的优点在于中央政府可以控制宏观经济和外债政策，增强地方政府的信用度，有利于地方政府在海外市场的融资活动。缺点在于：一方面，中央政府直接参与地方政府层面的微观管理活动，与财政分权的思路相悖，同时增加了政府管理负担，降低了金融市场效率。另一方面，会产生显著的道德风险，因为中央政府很难拒绝对下级政府可能的违约行为进行救助。因此，中央政府的债务管理方式在控制地方政府举债和推动财政纪律上的有效性依赖于中央政府决策的去政治化程度、信息获取的可及性以及行政执行的力度。

澳大利亚经历了较为明显的中央政府债务管理模式的调整。在20世纪80年代，澳大利亚主要通过贷款委员会来集中管理地方政府债务，在减少地方政府举债自主权的同时，给予其低利率的优惠。但是这种集中控制系统的低效率，使得澳大利亚允许地方政府直接在资本市场融资，并于20世纪90年代中期对贷款委员会的功能进行重组，将其定位为与各州确定每年的债务限额，从而使得澳大利亚的地方政府债务管理模式逐步向中央和地方合作控制的模式演变。

（3）总结

本节介绍了多国债务风险预警机制的监控体系并重点介绍了美国、日本的债务风险预警机制内容。从国际经验来看，债务风险预警机制至少需要包括以下几个指标：债务率、新增债务率、利息支出占比和偿债率。中国可以在基本风险控制指标中再加入其他指标，以作为地方政府常态化的债务风险预警体系并按时公开预警信息。当地方政府进入重大风险区间后，上级政府应迅速启动监管职能：一方面禁止地方政府新借债务；另一方面责成地方政府制订财政改革计划，提出促进地方经济发展、缩减地方支出负担和恢复地方政府长期偿债能力的具体方案，监管职能应持续到地方政府消除债务危机时为止。

明确了债务的事前规则并建立了相应的监控体系后，日常的债务管理模式普遍存在市场纪律约束、财政规则约束、中央政府管理三种。从国际经验上看，市场纪律规则要求金融市场发展程度较高，各级政府透明度标准较高，地方政府治理能力较强，资产核算准确且财务制度规范，中央政府没有过救助经历；从上述约束条件来看，中国并不适用于市场纪律约束。单一制国家更多会采用中央政府主导管理方法，由中央政府对地方政府举债进行直接控制，包括设定年度地方政府债务限额、禁止承担外债、确认地方政府的借款条款、采取中央政府转贷的形式等。但这一形式的问题在于，由于中央政府无法摆脱地方政府救助的道德风险，会增加政府管理负担，降低金融市场效率。

基于中国单一制的政体模式，建议实施“中央政府主导”+“财政规则约束”的日常债务管理模式，一方面中央政府对债务进行总体风险监管，但不实施严格的微观干预；另一方面在保障不出现系统性债务违约风险情况下，利用财政规则约束地方政府的债务日常使用和运作。

8.3 地方政府债务危机的事后处理

尽管事前规则和事中管控可缓解地方政府债务风险，然而，它们不能防范债务违约事件的发生，因此地方政府债务危机的事后处理也是政府债务管理不可或缺的环节。关于地方政府债务危机的事后处理，下面从化解债务危机和纠错问责两个角度进行分析。

8.3.1 化解地方政府债务危机

化解地方政府债务危机，就是对地方政府债务进行重组，重新建立财政运行秩序，以走出财政困境。地方政府破产与我们常听到的普通破产有很大不同，即使地方政府破产，但是地方政府法人依旧存在，继续承担提供公共产品和服务的职能，否则影响地区经济社会的和谐发展。地方政府破产是财政重组的表现，以此形式解决地方政府和债权人存在的债权-债务关系，并不是政府职能的破产。

地方政府之所以会破产，是因为其不具备偿还债务的能力。为了保护债权人的合法权益，解决地方政府和债权人的利益诉求，我们应该建立地方政府破产机制，在建立的过程中我们应遵守以下原则：地方政府破产机制的构建要保障地方政府基本的公共服务职能，保障地方政府可以实现正常运转，使得地方政府履行其最基本的职能；促进地方财政得以恢复，增强地方财政的可持续性，保证其正常运行；建立透明的债务重组程序，有效保护债权人的合法权益，保障债权人的债务索偿权。

地方政府破产机制包括启动破产程序、财政重建和破产终止。启动破产程序，地方政府申请破产，由有关破产管理机构根据破产标准作出是否受理的决定。在这一过程中，有必要制定合理的地方政府破产标准。地方政府申请破产的标准应当是地方政府现有资产不能用于偿还债务。另外，对地方政府破产申请主体进行限制是必要的，各国对此有不同的规定。选择合适的破产模式也非常重要，这是解决债务违约事件的途径，主要分为司法手段和行政手段。司法手段是由法院作出相关决策，引导地方政府进行债务偿还和重组等过程，可缓解财政重组过程中出现的矛盾，但这种方式会延长破产过程，效率较为低下。行政手段具有较强的财政调整能力，由中央干预债务偿还和债务重组的工作，但由于中央对地方状况的了解有限，所以有时中央的财政重组计划并不能很好地契合地方的实际情况。在法制体制比较健全的国家，可以采用司法手段，由法院主导破产程序；但是在法制环境相对薄弱的国家，采用行政手段进行政府破产更有优势。

世界各国在综合考虑自身各种政治、经济因素之后，在化解地方政府债务危机上选取了不同的形式，两种债务危机化解形式各有利弊，各有千秋。这两种形式具体是：①中央承担救助责任，这种形式虽然在短期内可以防范债务违约带来的负面效应，但与此同时，也会引致地方政府的道德风险问题，地方政府可能不顾长远发展肆意举债，把债务成本交由中央政府在未来承担。②地方政府承担偿债责任，在这种形势下，地方政府举债会变得小心翼翼，可防止债务规模的无限扩张，但是地方政府一旦发生债务违约现象，那么其带来的冲击也是巨大的。

8.3.2 地方政府债务纠错问责

如果不对政府的权力进行有效的管理和监督，很容易在政府为公民提供服务的时候，出现公权私用的现象。所以，要制约政府权力，追究工作人员的相关责任。在地方政府债务管理问题上也需要这种纠错问责机制，纠正违法违规行为，并进行相应惩戒。

权责一致是纠错问责的基础，权力和责任是对等的，追究管理人员的失责行为，有利于债务管理权责划分更加合理，明确债务管理各相关主体的职责。纠错问责机制涵盖了债务资金运行管理的全过程，对政府债务的举借、使用和偿还的错误行为都要予以纠正和问责，规范债务资金的运行程序，防范债务资金被挪为他用，最大限度地保证地方政府可以按期偿债。建立地方政府债务的纠错问责机制，旨在警示和震慑债务管理者，增强其债务风险意识，防止滥用权力，督促其遵守债务管理规则，更好地为政府债务管理服务。

为了更加有效贯彻地方政府债务纠错问责制的落实，我们首先要明确纠错问责的主体，也就是承担地方政府债务管理纠错问责职责的是哪个组织机构；明确纠错问责的对象，也就是“问谁的责”，问责对象包括相关责任人和政府机构；界定纠错问责的范围，即在债务管理过程中出现什么样的问题会被问责，厘清会被问责的管理行为，地方政府债务管理的过失和“无为”都要被纠错问责。纠错问责制旨在督促管理人员积极履行义务；明确纠错问责制的责任承担办法，即要通过什么措施承担责任，通常有支付债务违约金、减少预算资金、缩小转移支付等。

8.3.3 地方政府债务的事后处置国际经验

事后控制机制包括一组配置违约风险的前定规则，设计良好的事后管制能够强化地方政府的硬预算约束。目前国际上对地方债务违约的应急处置主要分为司法和行政两种，前者是由法院主导地方债务重组，后者是由上级政府采取接管式的债务重组。

从国际经验上看，一般主要采用两种方法对地方政府债务进行事后管制，分别是地区方法和管理方法。地区方法是指由法院作出关键判决，并且指导地方政府债务重组。地区方法能有效缓解政治压力；但从执行力上看，通过法庭来强制要求地方政府进行财政调整的可行性是有限的。管理方法的基本思路是，允许上级政府对下级政府进行政治干预以解决地方政府偿债不充足的问题。不同国家对地方政府债务的事后管理方法各不相同。匈牙利和巴西都主张采用管理方法，而南非和美国则偏好地区方法和管理方法相结合。在美国各州则利用平均方法来处理市政压力。有研究认为，事后控制机制由三个核心要素构成：第一，债务“不充足”的时点定义，当地方政府债务满足不充足条件时，意味着需要对地方政府债务进行必要的事后控制。从国际经验来看，在匈牙利和美国，当地方政府无力偿还债务时，被定义为满足“不充足”条件；在南非，当地方政府存在严重的财务问题以及持续的金融市场波动时，被定义为满足“不充足”条件。第二，当债务满足不充足条件后，债务人的财政调整必须确保“支出和收入相匹配”“借款和偿债能力相一致”。也就是说，地方政府在进行本地区财政调整时，不应过多受到债权人意志的约束；当地方政府为应对偿债危机、在政治上选择“减少支出、增加收入”时，应保证其自主性。第三，存在一个良好的协商机制以便债务人和债权人协商重组债务负担。

（1）动用偿债准备金

偿债准备金制度是政府防范债务偿还风险的一种基本性手段，其设立的基本目标是：当地方政府不能偿还到期债务时，可先行使用偿债准备金进行偿还，确保政府信用，减少债务风险对地方正常财政运行的冲击。一般而言，偿债准备金设立专户基金管理，该基金实行专户核算和专款专用。例如，保加利亚为减少政府债务风险，对政府担保的债务设置严格的限制，建立偿债准备金，对债务风险进行分析并定期报告。从国际经验来看，在美国30个州政府对偿债准备金的设置是按照债券还本付息总额的1～1.2倍或按债券发行额的10%建立的，偿债准备金的来源主要有政府债券发行溢价收入、债务资金投资项目收益及信用证收益等。在印度，14个邦政府建立了统一偿债基金，委托中央银行为基金管理人。从国际经验不难看出，偿债准备金制度的建立增强了政府在金融市场的可信度，缓解了债务危机对地方政府的冲击，保障了一定时期内地方财政的正常运行。现阶段中国各省级政府已经普遍建立起偿债准备金制度，但许多专家指出偿债准备金更多是对未来到期的债务提供一定的缓冲，对约束地方政府投资的效果并不太好。例如，第二次世界大战后美国虽然实施了偿债准备金制度，但债务总量仍在不断增长。地方债务管理应该重在事前债务规模控制、事中动态监控与统计和事后的偿债保障的有机结合运用。

（2）地方政府债务重组或免除

当借债主体出现偿债危机而无力清偿时，企业一般会选择进行债务重组或者直接宣布破产。但考虑到政府公信力对维护社会稳定的重要性，当政府出现偿债风险时，应当慎重选择债务重组或免除。一般而言，重组债务使用行政手段而免除债务使用司法手段。下面，我们介绍关于债务重组的国际经验。

在美国，无论是地方政府债务重组还是免除，都是基于地方政府破产的法律制度框架下的组成机制。债务重组的目的是通过对债务偿还时间进行展期、优化债务资金配置、提高债务资金使用效率等方式，使得投资项目能产生足够的资金流以偿还债务。一般而言，地方政府债务重组计划包括存量债务偿还计划、市政实体运营计划、雇员劳动调整计划和特殊用途债务使用计划等。重组计划由破产法院决议是否能够通过；在债务重组计划被提出后，由债权人分组进行表决，满足一定条件后破产法院会强制通过重组计划。

与中国类似，在日本，中央政府不允许地方政府破产，因此日本的地方政府财政危机并没有既定的“政府破产法”法律框架做支撑。日本的宪法规定，地方政府财务状况严重恶化也仍然需要偿付债务。中央政府会要求地方政府进行债务重组，设定财政重组计划。其中，财政重组计划须由外部审计人员按年度进行审计，经地方议会批准后，由地方政府向中央政府进行汇报。地方政府按照财政重组计划严格执行各项措施，并逐年将财政重组的计划执行情况向中央政府、议会和公众进行报告，由中央政府提出改善意见。我们可以将总体的财政重组计划描绘如下：第一步，在中央政府的参与下，地方政府提出明确的重组计划；第二步，财政重组计划向总务省进行咨询并被批准后，由外部审计认定该计划，再经议会批准；第三步，对除灾后重建之外发行的地方政府公债实施严格限制，债券的偿还期限必须在重组计划期限内。如果财政管理与重组计划等相应规定不一致，则需要相应调整当年的预算。

债务转换也属于债务重组的措施之一，其做法是由上级政府批准或主持，将地方政府债务重组为期限更长的债务工具。例如，美国为应对全球金融危机，提高地方政府融资能力，推出了一种新的融资工具——建设美国债券为地方政府进行融资。2009年2月17日，美国前总统奥巴马正式签署《美国复苏与再投资法案》，该法案引入建设美国债券，即授权州和地方政府在2009—2010年发行应税“建设美国债券”，发债收益可以用于发行人的资本支出。联邦政府给予此类债券持有人一定的税收抵免或直接向发行人贴息或减税，债券形式可分为税收抵免债券和直接支付债券两类。税收抵免债券是联邦政府给予建设美国债券持有人所获利息35%的税收抵免额，如果持有人当年的纳税义务低于该抵免额，未抵免部分可结转以后年度抵免；直接支付债券由联邦政府将债券利息的35%直接支付给发行人。政府债券置换的国际事例还包括：在意大利，由于地方政府自主权较大，其在借款来源、金额及条件方面很少受到限制，导致累积了大量地方政府债务。

从国际经验上来看，南非规定地方政府必须通过法庭宣判才能实现债务免除。巴西的地方政府债务免除方法十分特殊，其三次地方政府债务危机都由中央政府接管地方政府债务引起。在最近的一次地方政府债务危机中，中央政府不仅接管了地方政府债务，还同时出台了《财政责任法》并重建了财政纪律。其具体做法是：中央政府发行中央债券，重新确认地方政府债务，并成为州政府和市政府的债权人。中央政府接管了包括税收分享在内的地方政府自有收入作为担保，并要求地方政府每月向其支付相当于州政府和市政府净经常性收入的13%。达到上述标准后，州政府以固定实际利率6%按30年期限重组其债务。中央政府承担的成本为州政府支付给中央政府与中央政府支付给金融市场的利率差。

（3）行政接管与破产

破产法理论认为，债务人是否具备适用破产程序的资格，是其能否依靠破产解决债务危机的基础；而地方政府作为公法人不具备破产能力，一旦允许地方政府破产，可能会引发社会对政府的不信任，严重的话可能导致社会管理职能瘫痪，秩序混乱，甚至发生政治危机与动荡。从国际经验上看，各国立法一般规定地方政府不适用破产程序。

一般而言，地方政府通常会通过以下几种方式使其债权人获得债务清偿：财产管收；改由法院代表管理财务；地方政府内的私人财产管收；假设州政府同等负债；从未来的税收上取得担保权；课征新税充做债务赔偿等。在法国，中央政府规定，地方政府一旦对外负债或发行地方债券到期不能偿还，导致政府运转不灵，则由总统的代表——各省省长直接执政，原有地方政府或地方议会宣告解散，其债务先由中央政府代为偿还，待新的地方议会和政府经选举成立后，通过制订新的增税计划逐步偿还原有债务和中央政府代为偿还的垫付资金。

美国是国际上为数不多采取了破产制度的国家。美国在《破产法》里规定了地方政府出现财务危机时的破产可能，并在《破产法》第九章设定了地方政府的相关债务调整程序。在美国，地方政府破产制度实际上是一种“政府重组破产保护”制度，偏重维护地方政府的权力，即通过允许无力偿还债务的地方政府申请破产保护程序，在保护破产地方政府的资产基础上制订债务调整计划，提供扭转财政困境和财政恢复重建的时间，使得地方政府可以合法地延期偿债或调整债务，甚至减免债务，避免债务违约风险进一步扩大而陷入债务恶性循环。

（4）总结

地方政府事后危机处置重点介绍了三种制度设计方案：偿债准备金制度、债务重组（免除）、中央政府行政接管和地方政府破产机制。

中国已经建立起偿债准备金制度，偿债准备金对于缓冲地方债务风险有一定的作用，但从国际经验来看并不能有效约束地方政府债务规模扩张，因此偿债准备金只能作为事后危机处置的辅助手段。妥善地处理并化解债务危机风险，更为核心的内容是上级政府如何应对地方政府债务可能存在的违约和政府信用危机。债务重组（免除）、中央政府行政接管和地方政府破产机制是国际上惯用的制度方式。

在债务重组（免除）方面，债务重组计划和债务转换是普遍使用的经验手段。一份良好的债务重组计划应该包括存量债务偿还计划、地方政府再运营计划、财政支出削减调整计划和特殊用途债务使用计划等，同时还需要配套财务应急接管计划。如果中央政府选择进行债务免除或者接管地方债务，则要求以地方政府重整财政纪律，并以地方政府新增的自有收入为担保分期偿付。债务转换是中央政府将地方政府存量债务转换成时限长、利率低的长期债券，例如美国的建设美国债券和中国的置换债。在债务转换的过程中，中央政府可以适当给予税收优惠激励，扩大市场对长期债券的需求。

地方政府破产机制在世界范围内并不常见，最典型的是美国。美国的破产机制更倾向于保护地方政府的权力，是对地方政府破产重组的保护机制。在经得债权人同意并符合破产程序之后，破产地方政府提出债务重组计划书，州政府赋予地方政府破产重组期间更大的自治权；法院对其政务的执行、财产和收入、运用或享用任何能制造收入的财产等都不得干涉，破产管理人一般都由破产的地方政府自行担任。破产执行期间，破产管理人（通常是破产的地方政府自身）在法院同意的情况下有维持或主动中止有关契约的权利（需要为其违约行为造成的损害承担赔偿责任，而这些责任通常最后会被视为无担保债权）。所有针对债务人的实现债权的行为都自动归于停止。申请破产的地方政府独立地按债务调整计划进行整顿，直至破产的消除。

对于中国而言，地方政府破产制度可以更多地理解为地方政府债务重整制度，这一制度应与地方政府财政风险预警机制有机嵌套。需要注意的是，对于地方政府提起的债务重整申请只能进行重整与和解，而不包括破产清算的申请。在债务重整程序上，先由地方政府制订债务调整计划，该债务调整计划至少应包括债务的分类、债务调整的方式以及期限，再经债权人会议通过，最后由当地人民代表大会或其常委会经特殊程序批准。在债务重整过程中，地方政府可以得到中央政府的财政转移支持等援助，享受类似于“自动停止”等制度保护，但要规定援助的具体标准和范围等，并成立专门的机构进行过程监管，防止地方政府不适当地滥用财政救助。

主要参考文献

[1] 程宇丹，龚六堂.财政分权下的政府债务与经济增长［J］. 世界经济，2015，38（11）：3-28.

[2] 刁伟涛.债务率、偿债压力与地方债务的经济增长效应［J］. 数量经济技术经济研究，2017，34（03）：59-77.

[3] 范剑勇，莫家伟.地方债务、土地市场与地区工业增长［J］. 经济研究，2014，49（01）：41-55.

[4] 郭步超，王博.政府债务与经济增长：基于资本回报率的门槛效应分析［J］. 世界经济，2014，37（09）：95-118.

[5] 郭玉清，何杨，李龙.救助预期、公共池激励与地方政府举债融资的大国治理［J］. 经济研究，2016，51（03）：81-95.

[6] 黄健，毛锐.地方债务、政府投资与经济增长动态分析［J］. 经济学家，2018（1）：88-96.

[7] 贾俊雪，张晓颖，宁静.多维晋升激励对地方政府举债行为的影响［J］. 中国工业经济，2017（7）：5-23.

[8] 刘楠楠，侯臣.我国地方政府债务的可持续性分析［J］. 经济学家，2016（7）：50-57.

[9] 罗荣华，刘劲劲.地方政府的隐性担保真的有效吗？——基于城投债发行定价的检验［J］. 金融研究，2016（4）：83-98.

[10] 马文涛，马草原.政府担保的介入、稳增长的约束与地方政府债务的膨胀陷阱［J］. 经济研究，2018，53（5）：72-87.

[11] 毛捷，黄春元.地方债务、区域差异与经济增长——基于中国地级市数据的验证［J］. 金融研究，2018（5）：1-19.

[12] 毛捷，徐军伟.中国地方政府债务问题研究的现实基础——制度变迁、统计方法与重要事实［J］. 财政研究，2019（1）：3-23.

[13] 牛霖琳，洪智武，陈国进.地方政府债务隐忧及其风险传导——基于国债收益率与城投债利差的分析［J］. 经济研究，2016，51（11）：83-95.

[14] 皮建才，殷军，周愚.新形势下中国地方官员的治理效应研究［J］. 经济研究，2014，49（10）：89-101.

[15] 盛虎，刘青.地方政府债务对区域经济增长的影响及传导机制研究［J］. 金融经济，2020（2）.

[16] 司海平，刘小鸽，魏建.地方政府债务融资的顺周期性及其理论解释［J］. 财贸经济，2018，39（8）：21-34.

[17] 汪莉，陈诗一.政府隐性担保、债务违约与利率决定［J］. 金融研究，2015（9）：66-81.

[18] 项后军，巫姣，谢杰.地方债务影响经济波动吗［J］. 中国工业经济，2017（1）：43-61.

[19] 徐长生，程琳，庄佳强.地方债务对地区经济增长的影响与机制——基于面板分位数模型的分析［J］. 经济学家，2016（5）：77-86.

[20] 杨继东，杨其静，刘凯.以地融资与债务增长——基于地级市面板数据的经验研究［J］. 财贸经济，2018，39（2）：52-687.

[21] 张莉，年永威，刘京军.土地市场波动与地方债——以城投债为例［J］. 经济学，2018，17（3）：1103-1126.

[22] 郑思齐，孙伟增，吴璟，等.“以地生财，以财养地”——中国特色城市建设投融资模式研究［J］. 经济研究，2014，49（8）：14-27.

[23] 钟辉勇，钟宁桦，朱小能.城投债的担保可信吗？——来自债券评级和发行定价的证据［J］. 金融研究，2016（4）：66-82.

[24] 朱军，许志伟.财政分权、地区间竞争与中国经济波动［J］. 经济研究，2018，53（1）：21-34.

[25] 钟辉勇，陆铭.财政转移支付如何影响了地方政府债务？［J］. 金融研究，2015（9）：1-16.

[26] Athanasenas A .atrakilidis C，Trachanas E. Government spending and revenues in the Greek economy：evidence from nonlinear cointegration［J］. Empirica，2014，41（2）：365-376.

[27] Crabbe, Leland E, Christopher M. et al. Does the Liquidity of a Debt Issue Increase with Its Size? Evidence from the Corporate Bond and Medium-Term Note Markets [J]. Journal of Finance, 1995, (12): 1719-1734.

[28] Daniels K, Ejara D D, Vijayakumar J . Debt Maturity, Credit Risk, and Information Asymmetry: The Case of Municipal Bonds [J]. Financial Review, 2010, 45 (3): 603-626.

[29] Easterly W.When is fiscal adjustment an illusion? [J]. Economic Policy, 1999, 14 (28): 55-86.

[30] Greg C, Greg. Accuracy and Robustness of Debt Index Methods [J]. Housing Pricing, 2012 (5): 643-656.

[31] Kidwell D S, Trzcinka C A.Municipal Bond Pricing and the New York City Fiscal Crisis [J]. The Journal of Finance, 1982, 37 (5): 1239-1246.

[32] Herndon T, Ash M, Pollin R . Does High Public Debt Consistently Stifle Economic Growth? A Critique of Reinhart and Rogoff [J]. Cambridge Journal of Economics, 2013, 38 (2): 257-279.

[33] Presbitero A F . Total Public Debt and Growth in Developing Countries [J]. European Journal of Development Research, 2012, 24 (4): 606-626.

[34] Woo J, Kumar M S . Public Debt and Growth [J]. Economics, 2015, 82 (328): 9-13.

后记

党的十八大以来，为应对国际经济危机造成国内外经济持续低迷的负面影响，中国通过加大积极财政政策的力度、推动供给侧结构性改革、依托“一带一路”倡议扩大对外开放等重大举措，扭转了经济增长速度下滑局面，实现了经济稳步增长的势头，进一步增强了财政的实力。但是同时，随着财政支出责任和范围的逐年扩大，财政的风险也日益显现，其中尤其需要关注日趋严峻的地方政府债务和隐形债务问题，关注地方政府债务管理机制建设，这对于发挥财政在国家治理中的基础和重要支柱作用必将产生一定的影响。因此，研究地方政府债务形成机制，实现地方政府债务可持续性，是在当前财政收入增速放缓、支出刚性较大、国际环境不稳定不确定性因素增多的背景下，下一步财政工作的重要方向，也是本书的研究重点。

在本书相关研究进行的过程中，我的学生提供了大量的支持。其中崔红莲、赵欣宇帮助我收集了大量的数据，并参与了数据处理工作，在地方政府债务对经济以及企业的影响研究方面贡献突出，孙晓倩同学从读者的角度通读了初稿，提出了很多文字上的修改意见，在此对各位同学表示特别感谢。

我还要感谢一系列研究项目的支持，它们包括：国家自然科学基金青年项目《东北地区人口流出与地方政府行为：特征事实、内在逻辑与政策意涵》（71904024）、辽宁省教育厅科学研究项目新型智库项目《辽宁推进城乡区域协调发展研究》（LN2019X10）、东北财经大学省级以上科研平台支持项目《我国地方政府隐性债务压力测度与治理研究》（平台名称：东北财经大学经济与社会发展研究院，PT202135）给予的研究资助。

王斌斌

2021年12月